CHAMBRE SYNDICALE DE LA PHOTOGRAPHIE ET DE SES APPLICATIONS

Fondée en 1862

PREMIER CONGRÈS NATIONAL

DE

LA PHOTOGRAPHIE PROFESSIONNELLE

SOUS LE PATRONAGE DE M. LE MINISTRE DE L'INSTRUCTION PUBLIQUE

ET DES BEAUX-ARTS

ET AVEC LE CONCOURS DU MINISTRE DU COMMERCE

RAPPORT GÉNÉRAL

ET

DOCUMENTS OFFICIELS

Séances des 1er et 2 juin 1900, au Conservatoire national des Arts et Métiers

Séance du 3 juin, à la Sorbonne

TOURS

IMPRIMERIE PAUL BOUSREZ

1901

PREMIER CONGRÈS NATIONAL

DE

LA PHOTOGRAPHIE PROFESSIONNELLE

CHAMBRE SYNDICALE DE LA PHOTOGRAPHIE ET DE SES APPLICATIONS

Fondée en 1862

PREMIER CONGRÈS NATIONAL

DE

LA PHOTOGRAPHIE PROFESSIONNELLE

SOUS LE PATRONAGE DE M. LE MINISTRE DE L'INSTRUCTION PUBLIQUE

ET DES BEAUX-ARTS

ET AVEC LE CONCOURS DU MINISTRE DU COMMERCE

RAPPORT GÉNÉRAL

ET

DOCUMENTS OFFICIELS

Séances des 1er et 2 juin 1900, au Conservatoire national des Arts et Métiers

Séance du 3 juin, à la Sorbonne

TOURS

IMPRIMERIE PAUL BOUSREZ

1901

SOMMAIRE

Procès-verbaux et comptes rendus des séances.
Documents officiels, rapports et annexes.
Séances des 1er et 2 juin 1900, au Conservatoire des Arts et Métiers.
Séance du 3 juin, à la Sorbonne.

PREMIER CONGRÈS NATIONAL

DE

LA PHOTOGRAPHIE PROFESSIONNELLE

SOUS LE PATRONAGE

ET AVEC LE CONCOURS DU MINISTRE DE L'INSTRUCTION PUBLIQUE ET DES BEAUX-ARTS

ET DU MINISTRE DU COMMERCE

Au cours de cette année 1900, où les Congrès internationaux se sont multipliés à l'infini, les photographes français se sont, pour la première fois, réunis, sur l'initiative de leur Chambre Syndicale, pour aborder enfin l'étude de nombre de questions professionnelles. Leur Congrès avait en outre pour objet, au cours des séances générales, auxquelles étaient invités les inventeurs, les industriels et les négociants en instruments, produits ou accessoires pour la photographie, la présentation, avec démonstrations à l'appui, de tous les appareils et procédés récents destinés à leur permettre de réaliser de nouveaux progrès.

La Chambre Syndicale de la photographie et de ses applications a décidé, par un vote, de renouveler annuellement la convocation de ce Congrès, dont les résultats, dès sa première réunion, furent des plus encourageants et des plus appréciables.

Le nombre des adhérents, qui s'est élevé à une centaine, a donné, en effet, une preuve du bon esprit de confraternité qui commence enfin à régner dans la corporation photographique. La cordialité des relations qui se sont établies ou renouées au cours de cette assemblée, relations qu'entretiendront et généraliseront encore les prochains Congrès, rendra souvent moins âpre un esprit de concurrence dont les photographes, il faut le reconnaître, sont loin d'avoir le monopole. N'y a-t-il donc pas place suffisante au soleil pour que tous y puissent vivre librement dans une entente profitable à leurs intérêts ?

Cette solidarité confraternelle est devenue du reste de nécessité absolue, depuis que les procédés au gélatino-bromure ont amené un bouleversement complet dans les conditions d'existence du photographe professionnel, obligé à un progrès incessant et à une supériorité de travail incontestable, en face des innombrables épreuves qui sortent des mains de l'amateur et auxquelles sa production est comparée.

Plusieurs mois se sont écoulés depuis la réunion de notre premier Congrès, et avant que la publication de tous les documents qui y ont trait et qui sont publiés ci-après aient pu être réunis.

Pendant ce laps de temps, la Chambre Syndicale a pris des résolutions fort importantes, qui assurent le succès du second Congrès, pour l'organisation duquel elle aura à nommer une nouvelle commission, dès sa rentrée, au mois d'octobre.

La Chambre Syndicale, qui ne jouissait pas jusqu'ici d'un local à elle proprement réservé, possède aujourd'hui une installation où se trouvent réunies toutes les conditions nécessaires aux travaux qu'elle a à entreprendre ; elle dispose également d'une pièce destinée à ses réunions, d'une bibliothèque, dont les volumes pourront être consultés par tous ses membres et d'un logement pour l'agent. Une collection d'appareils et d'instruments, qui seront à la disposition de tous est en voie de formation et le laboratoire permettra à la Commission des essais de réunir les éléments des présentations nouvelles pour chaque Congrès, qu'il s'agisse d'instruments ou de produits divers.

Jusqu'alors, il était fort difficile de songer à la réunion d'un second Congrès, et la Chambre fixera, par son vote, la date à laquelle il se réunira, soit cette année, soit en 1902.

Qu'il me soit permis, en attendant, au nom de tous mes collègues, de remercier toutes les hautes personnalités qui ont prêté leur appui ou leur concours dévoué à notre œuvre ; à M. Leygues, qui, en accordant son patronage à la photographie, la classait pour la première fois au nombre des Beaux-Arts, honneur qui lui avait toujours jusqu'alors été refusé ; à M. Millerand, ministre du Commerce, qui, nous prenant également sous sa protection, nous avait offert pour nos réunions le Conservatoire des Arts et Métiers, où le savant colonel Laussedat devait nous réserver une si gracieuse hospitalité ; à l'illustre professeur Lippmann, d ont nous avons, avec tant d'intérêt et de plaisir, écouté la remarquable conférence à la Sorbonne, dans une salle mise si courtoisement à la disposition de notre corporation par M. Gréard, vice-recteur de l'Académie; et enfin, à tous les membres de la Commission d'organisation et aux membres du Bureau du Congrès, dont on trouvera plus loin les noms, auxquels nous devons joindre celui de M. Charrier, qui a accepté de remplir les fonctions de trésorier, et celui de M. Edouard Belin, qui, nommé rapporteur, a bien voulu, depuis le Congrès, réunir toutes les pièces destinées à cette publication (1).

P. NADAR.

(1) Les opinions émises au cours du Congrès, et qui ont été l'objet de rapports ou de notes, le plus généralement fournis par leurs auteurs, n'ont engagé la responsabilité du Congrès qu'au cas où elles ont été l'objet d'un vote relaté aux procès-verbaux des séances.

AVANT-PROPOS

Lorsqu'en 1839 Arago fit officiellement connaître, à la Chambre des députés et à l'Académie, l'étonnante découverte de Daguerre et de Niepce et disait, dans un rapport devenu désormais célèbre, les merveilles de l'invention nouvelle, l'illustre savant prévoyait un succès que d'innombrables perfectionnements n'ont fait que confirmer.

Le procédé nouveau devait progresser sans cesse et devenir, par ses applications multiples, non seulement un métier, mais une science et même un art. La photographie scientifique s'est affirmée par l'apparition de lois exactes et de méthodes de déterminations précises, dues aux travaux persévérants de quelques chercheurs et savants, parmi lesquels la France compte les noms les plus illustres. Les deux procédés actuellement connus comme résolvant le problème de la photographie des couleurs et basés sur la méthode interférentielle de M. Lippmann, ou l'Héliochromie de MM. Charles Cros et Ducos du Hauron, sont venus étendre encore le domaine des recherches et des applications scientifiques de la photographie, tout en réservant à notre pays le monopole des grandes découvertes photochimiques.

Par contre, les ennemis de la photographie ou, pour mieux dire, ceux qui ne voulaient pas admettre que la photographie fût un art, soutinrent plus longtemps la lutte : il leur fallut cependant abdiquer, et l'on doit reconnaître aujourd'hui, à cet art nouveau comme aux autres, les mérites de composition, d'exécution et d'interprétation. La photographie même est essentiellement réaliste, et cette interprétation trop fidèle, en gênant la composition, crée pour l'opérateur une difficulté nouvelle, souvent bien difficile à surmonter.

En devenant un art, la photographie venait de s'assurer un nouveau triomphe pour clôturer le siècle qui l'avait vu paraître. Son évolution rapide avait contraint ses adeptes à travailler sans cesse pour suivre les progrès réalisés, mais l'occasion de se grouper pour défendre leurs intérêts par la concentration de leurs efforts et perfectionner leurs moyens par l'échange de leurs idées, ne leur avait pas encore été fourni. C'est au Bureau de la Chambre Syndicale que revient l'honneur d'avoir, pour la première fois, proposé la convocation de tous les professionnels français à un Congrès général ; c'est à la Commission spéciale, nommée par cette même Chambre Syndicale et à son Président, que revient la gloire d'avoir préparé et mené à bien la réalisation première de cet heureux projet.

C'est à la séance du 13 avril 1899 que M. Paul Nadar proposa la réunion d'un Congrès national, pour étudier les questions appelées à être portées devant le Congrès international de 1900. Cette première idée, aussitôt accueillie par la Chambre Syndicale, devait être profondément modifiée, et, en dehors de cette étude préliminaire de quelques questions d'ordre général, le premier Congrès national devait faire œuvre complète, étudier les dernières créations de l'industrie photographique et discuter surtout de graves et importantes questions d'ordre corporatif, parmi lesquelles celle de l'enseignement professionnel a tenu la place prépondérante.

Les comptes rendus des séances de la Commission préparatoire, comme ceux des séances de la Chambre Syndicale, ont été publiés par les Secrétaires avec tant de soins et tellement de détails qu'on ferait double emploi en venant, ici, relater à nouveau toute la série des travaux et des démarches qui ont immédiatement précédé la réunion des Congressistes ; ce rapport doit être, pour ceux qui n'ont pu se joindre à leurs collègues, un exposé documenté des travaux de l'Assemblée, et c'est pour cette raison que s'y trouvent réunis les allocutions, les mémoires et les présentations, d'après le texte même fourni par leurs auteurs.

Afin, toutefois, de bien préciser les conditions dans lesquelles le Congrès fut appelé à entreprendre ses travaux, nous avons fait précéder le compte rendu des séances de quelques données sur les démarches de la Commission préparatoire et les résultats auxquels elles ont abouti. Outre l'intérêt immédiat qu'ils présentent pour ceux qui s'intéressent à la question, ces quelques renseignements pourront être d'une grande utilité pour la convocation des Congrès à venir, et les chiffres qu'ils indiquent pourront servir de base à d'intéressantes statistiques.

EDOUARD BELIN,
Agent Rapporteur du Congrès.

COMITÉ D'ORGANISATION

DU

1ᴱᴿ CONGRÈS NATIONAL DE LA PHOTOGRAPHIE PROFESSIONNELLE

MEMBRES DU COMITÉ

Commission des Photographes Portraitistes

MM.		MM.	
PAUL BERGER,	Paris.	LADREY fils,	Paris.
BELLINGARD,	Lyon.	PANNELIER,	Paris.
BACARD,	Montpellier.	PIROU,	Paris.
NUMA BLANC,	Cannes.	PROVOST,	Toulouse.
CHARRIER,	Paris.	PAUL NADAR,	Paris.
DELSART,	Valenciennes.	ZARSKI,	Lille.
CH. GERSCHEL,	Paris.	CARPIN,	Paris.
GENDRAUD,	Clerm.-Ferrand.	OTTO,	Paris.
KLARY,	Paris.	ED. SPIEGELBERG,	Paris.
BOYER,	Paris.	REUTLINGER,	Paris.

Commission des Photographes Éditeurs

MM.		MM.	
BULLOZ,	Paris.	ED. HAUTECŒUR,	Paris.
NEURDEIN,	Paris.	LÉVY,	Paris.
PAUL NADAR,	Paris.	BRAUN,	Paris.
BOYER,	Paris.	REUTLINGER,	Paris.

Commission des Industries Photomécaniques

MM.		MM.	
BERTHAUD,	Paris.	NEURDEIN,	Paris.
CUEILLE,	Paris.	H. REYMOND,	Paris.
GENTIL,	Paris.	LARGER,	Paris.

BUREAU DU COMITÉ

MM.		MM.	
PAUL NADAR,	Président.	GERSCHEL,	Secrétaire-Adj.
EUG. PIROU,	Vice-Président.	A. NEURDEIN,	Trésorier,
H. LADREY fils,	Secrétaire.	MAXIME CARRIER,	Trésorier-Adj.

Agent Rapporteur : M. EDOUARD BELIN.

MINISTÈRE DU COMMERCE, DE L'INDUSTRIE, DES POSTES ET DES TÉLÉGRAPHES

Paris, le 1ᵉʳ mars 1900.

MONSIEUR LE PRÉSIDENT,

En réponse à votre lettre du 17 février courant, j'ai l'honneur de vous informer que je viens d'inviter M. le colonel Laussedat à vous donner satisfaction, s'il est possible, en mettant à votre disposition une des salles du Conservatoire pour la réunion du Congrès de votre corporation, en juin 1900.

Je me félicite de pouvoir vous donner ainsi un témoignage de l'intérêt que je porte à la Chambre syndicale de la Photographie.

Recevez, Monsieur, l'assurance de ma considération distinguée.

Le Ministre du Commerce, de l'Industrie, des Postes et des Télégraphes,

A. MILLERAND.

CABINET DU MINISTRE DE L'INSTRUCTION PUBLIQUE ET DES BEAUX-ARTS

Paris, le 5 mai 1900.

MONSIEUR LE PRÉSIDENT,

Au nom de la Chambre syndicale de la Photographie, vous m'avez demandé d'accepter, avec M. le Ministre du Commerce, le patronage du Congrès national professionnel qu'elle a organisé pour les 1ᵉʳ, 2 et 3 juin prochain.

J'ai l'honneur de vous remercier de l'offre que vous voulez bien me faire et, en l'agréant, je suis heureux de donner à votre œuvre un témoignage de mon sympathique intérêt.

Agréez, Monsieur le Président, l'assurance de ma considération très distinguée.

Le Ministre de l'Instruction publique et des Beaux-Arts,

GEORGES LEYGUES.

MINISTÈRE DU COMMERCE, DE L'INDUSTRIE, DES POSTES ET DES TÉLÉGRAPHES

Paris, le 18 mai 1900

CHER MONSIEUR,

Vous m'avez demandé de vouloir accepter la Présidence d'honneur du Congrès national de la Photographie, qui doit se tenir le 1er juin au Conservatoire national des Arts et Métiers.

Je suis très heureux de pouvoir, en acceptant, montrer tout l'intérêt que je porte à l'art de la photographie.

Agréez, cher Monsieur, l'assurance de mes sentiments les meilleurs.

Le Ministre du Commerce, de l'Industrie, des Postes et des Télégraphes,

A. MILLERAND.

CHAMBRE SYNDICALE DES FABRICANTS ET NÉGOCIANTS DE LA PHOTOGRAPHIE

Paris, le 16 mai 1900.

MONSIEUR LE PRÉSIDENT ET CHER COLLÈGUE,

J'ai l'honneur de vous informer que, dans sa dernière séance, notre Chambre syndicale a décidé, à l'unanimité, d'adhérer officiellement au Congrès national de Photographie, organisé sous les auspices de votre Syndicat.

A cet effet, elle a désigné trois délégués, MM. Mercier, Français et O'Ludwick, qui recevront près de vous, j'en suis certain, le meilleur accueil.

Recevez, Monsieur le Président et cher Collègue, l'assurance de mes sentiments de bonne confraternité.

Le Président du Syndicat,

J. DEMARIA.

RÈGLEMENT

Art. I⁰ʳ. — Conformément à la décision prise par la Chambre syndicale de la Photographie et de ses applications, en sa séance du 13 avril 1899, le premier Congrès national de la Photographie professionnelle aura lieu au cours de l'Exposition de 1900.

Chaque année ce Congrès se réunira à nouveau, et il aura pour but :

§ 1. — De traiter des questions d'ordre général et de prendre toutes décisions conformes à la défense des intérêts et des droits de la corporation photographique professionnelle.

§ 2. — D'aider au progrès et à l'amélioration de la production professionnelle par la présentation, la propagation et la diffusion de toutes les inventions ou nouveautés photographiques d'utilité pratique et industrielle : instruments, procédés, produits, accessoires, etc.

Art. II. — Ce Congrès, dont la durée maximum est fixée à trois jours pour l'année 1900, s'ouvrira le 1⁰ʳ juin. La durée du Congrès sera définitivement fixée ultérieurement par la Commission d'organisation ; il en est de même pour le lieu de la réunion.

Art. III. — Il comprendra :

1° Des Membres actifs ;

2° Des Membres adhérents

Membres actifs. — Tout chef de maison, appartenant à la corporation photographique professionnelle, établi en France ou dans les colonies françaises, ou de nationalité française et résidant à l'étranger, sera inscrit, sur sa demande, comme Membre actif.

En cas d'empêchement, il pourra se faire remplacer par un de ses employés.

Membres adhérents. — Les négociants, les industriels, les inventeurs en photographie, de même que les employés photographes, peuvent participer au Congrès, au titre de Membres adhérents, s'ils sont établis en France ou de nationalité française.

Les négociants, industriels, inventeurs étrangers, agréés par la Commission d'organisation, pour une présentation quelconque prévue au § 2 de l'article I⁰ʳ du présent règlement, participeront au Congrès, au titre de Membres adhérents. Ils auront droit aux avantages prévus à l'art. X.

La cotisation des Membres actifs et des Membres adhérents est fixée au prix uniforme de 10 francs, et les demandes d'admission doivent être adressées au Président de la Commission d'organisation, avant l'ouverture du Congrès, ou au Secrétaire, au cours de la session.

Les Membres actifs et les Membres adhérents s'engagent formellement à se soumettre au présent règlement.

Les Membres actifs seuls ont voix délibérative pour la constitution du Bureau. Les décisions sont prises à la majorité des voix.

Art. IV. — Le Congrès pour l'année 1900 comprend :

1° Des séances privées, pour toutes questions d'ordre général et corporatif ;

2° Des séances de sections :

A. — Section des portraitistes, paysagistes, vues et monuments, etc.

B. — Section des procédés photomécaniques.

C. — Section des éditeurs photographes.

3° Des séances plénières, réservées à l'examen et à l'exhibition, avec démonstrations théoriques et pratiques, si possible, par les inventeurs ou par les fabricants, de tous les appareils, procédés ou nouveautés, susceptibles d'aider aux progrès de la photographie professionnelle, et jugés tels par la Commission d'organisation du Congrès, d'après les dispositions fixées aux articles IX et X.

4° Des conférences sur les découvertes d'ordre pratique les plus récentes, ou sur tout autre sujet d'intérêt général à la corporation photographique professionnelle.

5° (Eventuel) Des visites aux établissements industriels, à la Classe XII et aux sections étrangères de l'Exposition.

Art. V. — Tous les Membres du Congrès assistent de droit aux séances générales, aux conférences, aux visites (éventuel) à la Classe XII, et aux sections étrangères de l'Exposition.

Les séances privées et les séances de sections sont uniquement réservées aux Membres actifs, pour l'étude des questions d'intérêt général et corporatif.

Art. VI. — Les Membres du Congrès recevront une carte, qui leur sera délivrée par les soins de la Commission d'organisation, et qui portera, selon la qualité du titulaire, le titre de Membre actif ou de Membre adhérent.

Art. VII. — Le Bureau de la Commission d'organisation fera procéder, lors de la première séance privée, à la nomination du Bureau du Congrès, qui aura la direction des travaux de la session.

Les Membres de ce Bureau seront uniquement de nationalité française.

Il se composera d'un Président, de deux Vice-Présidents, de deux Secrétaires et d'un Trésorier.

Les Présidents et Vice-Présidents des diverses Commissions feront également partie du Bureau.

Les Membres actifs se répartiront ensuite dans les différentes sections, selon la spécialité de leurs travaux ou de leurs aptitudes, et suivant leurs déclarations. Chaque Membre actif pourra se faire inscrire dans plusieurs sections.

Les sections procéderont, dans leur première séance particulière, à l'élection d'un Président, d'un Vice-Président et de deux Secrétaires, choisis toujours parmi les Membres de nationalité française.

ART. VIII. — La Commission d'organisation remettra au Bureau du Congrès, aussitôt sa formation, le programme de la session. Ce programme, imprimé à l'avance, comprendra :

1° L'énumération de toutes les questions d'intérêt général, qui auront été livrées à son examen, et qu'elle aura adoptées.

2° La liste de toutes les présentations d'appareils, d'instruments, d'accessoires, de procédés ou de nouveautés, etc., qui seront soumis à l'Assemblée, avec le nom de leurs inventeurs ou de leurs fabricants.

Le Bureau du Congrès fixera définitivement l'ordre du jour des séances, à l'aide de ce programme (1).

ART. IX. — Aucune communication ne peut être faite au cours des séances privées, aucune présentation ne peut avoir lieu au cours des séances plénières, si l'auteur n'en a fait part à la Commission d'organisation avant le 20 mai 1900, cette Commission ayant pour mandat de juger s'il y a lieu d'adopter ou de rejeter les propositions soumises à son examen.

Il appartiendra cependant au Bureau du Congrès de prendre toutes décisions nécessaires au cas où, préalablement aux séances, il serait porté à sa connaissance une communication ou une présentation particulièrement urgente ou intéressante à soumettre à l'Assemblée.

ART. X. — Un diplôme commémoratif sera attribué aux inventeurs, aux fabricants, dont les présentations auront été admises au Congrès de 1900.

Des diplômes de 1re, 2e et 3° classe seront attribués par le Bureau du Congrès, et sur proposition de la Commission d'organisation, aux appareils, instruments, produits, etc., soumis à l'Assemblée, les plus nouveaux, les plus ingénieux, les plus pratiquement utilisables pour les photographes professionnels.

Comme il est dit précédemment, les demandes de présentations doivent avoir lieu avant le 20 mai, afin qu'il soit loisible à la Commission de procéder à tel examen ou essai, qui fixera sa décision, et pour lesquelles toute réserve est faite (Voir article IX).

---

(1) L'entière reponsabilité des questions ou des communications soumises à l'ordre du jour du Congrès appartient aux auteurs des propositions, sans aucune garantie de la part du Comité d'organisation.

Ces demandes doivent être accompagnées de la feuille d'adhésion et du montant de la cotisation.

ART. XI. — Les orateurs, avertis à l'avance du laps de temps que leur aura attribué le Bureau, et qui n'excédera pas dix minutes, ne pourront pas parler plus de deux fois dans la même séance sur le même objet, à moins que l'Assemblée consultée n'en décide autrement.

ART. XII. — Les Membres du Congrès qui auront pris la parole dans une séance, devront remettre au Secrétaire, dans les 24 heures, un résumé de leur communication, pour la rédaction des procès-verbaux.

Dans le cas où ce résumé n'aurait pas été remis, le texte rédigé par le Secrétaire en tiendra lieu, ou le titre seul sera mentionné.

ART. XIII. — La Commission d'organisation pourra demander des réductions aux auteurs des résumés. Elle pourra effectuer ces réductions, ou décider que le titre seul sera inséré, si l'auteur n'a pas remis le résumé en temps utile.

ART. XIV. — Un compte rendu des travaux du Congrès sera publié par les soins de la Commission d'organisation. Celle-ci se réserve de fixer l'étendue des mémoires ou communications livrés à l'impression.

ART. XV. — Le Bureau du Congrès statue en tout ressort sur les incidents non prévus au règlement.

ART. XVI. — Le reliquat disponible, après que le trésorier aura rendu ses comptes à la Commission d'organisation, sera versé à la caisse de la Chambre Syndicale de la Photographie et de ses applications.

(1) Les appareils et produits à présenter au Congrès, devront être adressés au Conservatoire des Arts et Métiers, avant le 28 mai, avec la note spéciale : *Congrès National de Photographie*.

LISTE DES QUESTIONS

A L'ORDRE DU JOUR

DU

CONGRÈS NATIONAL DE LA PHOTOGRAPHIE PROFESSIONNELLE [1]

1. — La Photographie et sa protection légale (Loi du 17 juillet 1893).

2. — L'enseignement professionnel de la Photographie.

3. — Nécessité d'application de la patente à tous ceux qui exploitent commercialement la Photographie.

4. — Société de secours mutuels, au profit des patrons et employés (*Union photographique*).

5. — Vœu relatif à l'organisation d'un concours annuel d'opérateurs, d'après un modèle inconnu à l'avance, sans aucun concours étranger, et en un laps de temps déterminé.

6. — De la suppression des portraits gratuits et des agrandissements primes.

7. — Proposition relative à la création d'une Société nationale de Photographie.

8. — Mesures à prendre contre les expositions et récompenses ayant un caractère frauduleux.

9. — Assurance obligatoire contre les accidents et la maladie, et retraite pour la vieillesse.

10. — Réduction des primes d'assurances contre l'Incendie. Action collective en vue de l'unification du tarif.

11. — Assimilation des ouvriers photographes aux ouvriers d'art pour l'exemption de deux années de service.

12. — Nécessité de conférences et de publications détaillées et documentées sur les procédés et le matériel d'impressions photomécaniques.

---

(1) L'entière responsabilité des questions on des communications soumises à l'Ordre du jour du Congrès appartient aux auteurs des propositions, sans aucune garantie de la part du Comité d'organisation.

13. — Relèvement des prix des portraits photographiques.

14. — Proposition d'impôt sur les appareils photographiques.

15. — Formation d'une Société coopérative de consommation pour les professionnels.

16. — Proposition relative à une exposition annuelle de Photographie, sans attribution de récompenses et avec un jury d'admission composé en partie d'artistes peintres, dessinateurs, etc.

17. — Proposition relative au refus de participer aux expositions futures, dont les règlements ne sauvegarderaient par les intérêts de la Photographie professionnelle, notamment par la création d'une classe distincte.

LISTE DES PRÉSENTATIONS

*Faites aux séances plénières, des 1er et 2 juin, au Conservatoire national
des Arts et Métiers*

Vendredi 1er juin, à 8 heures du soir

Ordre des Présentations	NOMS DE LEURS AUTEURS	OBJET DES PRÉSENTATIONS
1.	M. Donny	Appareil « Le Dévelobox ».
2.	Société Hélios	Papiers au Collodion.
3.	M. Guimaraës	Appareil « Relampago. » (Expérience en séance)
4.	Grieshaber	Plaques négatives.
5.	Dechavannes	Papier baryté pour émulsion au gélatino-bromure.
6.	Duval	Nouveaux papiers au gélatino-bromure.
7.	Defez	Appareil « Photo-Tireur Cristallos ».
8.	Krauss	Objectifs Zeiss-Krauss.
9.	Ducos du Hauron	Adhésifs anti-halo.
10	Courrier	Appareil Bouillaud.

Samedi 2 juin, à 8 heures du soir

1.	M. Français	Objectifs.
2.	Mercier	Plaque sensible « l'Intensive ».
3.	Guerry	Obturateur à contact électrique.
4.	Bondon	Papier mat celloïdine. Papier « Protalbin ».
5.	Mackenstein	Rideaux pour châssis. Stéréo-jumelle panoramique.
6.	Gilles	Pied d'atelier. — Pied échelle.
7.	Duplouich	Prismes redresseurs.
8.	Lumière	Photographies en couleurs. Projections cinématographiques.
9.	Demaria	Appareil « Professionnal ». Lampe « Héliophore ».
10.	Gaumont	Appareil cinématographique (projections).

LISTE DES MEMBRES DU CONGRÈS

1° Membres actifs

MM.

ALLÉVY (Achille), Paris.
ARTH, Annonay.
BALLIVET, Paris.
BERTHAUD (Michel), Paris.
BERTHAUD (Gabriel), Paris.
BELIN, Villefranche-sur-Saône.
BOUVION, Ancenis.
BELLINGARD, Lyon.
BRAUN (Gaston), Paris.
BERGER (P.), Paris.
BENOIT, Compiègne.
BOYER (Paul), Paris.
BELLOZ, Paris.
BONNESŒUR, Saint-Servan.
BLOCK (A.), Paris.
CHÉRI-ROUSSEAU, Saint-Etienne.
COQUET, Nonancourt (Eure).
CIBRARIO, Soissons.
CHARRIER (Maxime), Paris.
COURLEUX, Reims.
COURRIER, Paris.
DEJARDIN, Paris.
DESMAREST, Maubeuge.
DESGRANGE, Aix-les-Bains.
FONTÈS, Paris.
FERNIQUE, Paris.
FAURE (Ch.), Lille.
FITTING, Paris.
GENDRAUD, Clermont-Ferrand.
GARNIER, Paris.

MM.

GRANDJEAN, Paris.
GIRAUDON, Paris.
GENTIL, Paris.
GERSCHEL, Paris.
HAUTECŒUR (J.), Paris.
HAUTECŒUR (Ed., Paris.
IMBERT, Paris.
KUHN, Paris.
KLARY, Paris.
KNEFBUHLER dit ROBERT, Paris.
LADREY fils, Neuilly-sur-Seine.
MARMAND, Paris.
MARTIN, Paris.
MABIRE, Argenton-sur-Creuse.
MANZI, Paris.
MERCIER, Paris.
NADAR (Paul), Paris.
NEURDEIN (A.), Paris.
OTTO, Paris.
PANNELIER, Paris.
PESTRE, Riom.
PROVOST, Toulouse.
PIERRE-PETIT, Paris.
PIERRE-PETIT (fils), Paris.
REUTLINGER, Paris.
REYMOND (H.), Paris.
ROSTAING-BRÉCHY, Dax.
ROEKAERT, Paris.
SHETTLE, Roubaix.
SPIEGELBERG, Paris.

Trosley, Louviers.
Tallon, Langres.
Taponier, Reims.
Viron, Lourdes.

Vallois, Paris.
Walery, Paris.
Zarski, Lille.

2° Membres adhérents

MM.

Belin (Edouard), Paris-Passy.
Bondon, Paris.
Carette, Paris.
Chevrier, Paris.
Chambre syndicale des fabricants
    et négociants pour la photo-
    graphie, Paris.
Donny, Paris.
Duvau, Asnières.
Demaria, Paris.
Defez, Bois-Colombes.
Deplorich, Paris.
Maison Duvau, Asnières.
Dechavannes, Paris.
Ducos du Hauron (L.), Paris.
Français, Paris.
Gaumont, Paris.

MM.

Grieshaber, Paris.
Guimaraës, Rio-de-Janeiro (Bré-
    sil) et Bois-Colombes (Seine).
Guerry, Paris.
Gilles, Paris.
Société Hélios, Paris.
Jumeau, Paris.
Krauss, Paris
Lacour, Paris.
Lumière, Lyon.
Mercier, Paris.
Moreau, Paris.
Mackenstein, Paris.
Mendel (Charles), Paris.
Maison Paul Nadar, Paris.
Pornin, Paris.
Viard, Valence.

TEXTE DE LA NOTE COMMUNIQUÉE A LA PRESSE

Indépendamment du Congrès international de la Photographie déjà annoncé, la Chambre Syndicale de la Photographie et de ses Applications a décidé la réunion annuelle de tous les professionnels, dans un but de progrès et d'entente confraternelle pour toutes questions d'ordre corporatif.

Ce Congrès national professionnel s'ouvrira, pour la première fois, le 1er juin prochain, sous le patronage du Ministre de l'Instruction publique et des Beaux-Arts et avec le concours du Ministre du Commerce, qui a désigné, pour ses séances, l'une des salles du Conservatoire national des Arts et Métiers.

En outre des questions juridiques ou d'intérêt professionnel qui y seront traitées, il y sera réservé à des démonstrations pratiques et à la présentation de tous les instruments, produits et procédés susceptibles d'aider au progrès industriel et artistique de la photographie, des séances spéciales auxquelles seront admis, comme les patrons, les employés et ouvriers photographes. Des diplômes de première, deuxième et troisième classe, seront attribués aux présentations les plus intéressantes, les inventeurs et fabricants professionnels pouvant tous se faire inscrire à titre de membre adhérent.

Le Congrès abordera l'importante question de l'enseignement professionnel, dont la patrie de Niepce et de Daguerre reste encore privée alors que l'étranger nous en a donné depuis longtemps déjà l'excellent exemple. Nous ne devons oublier, en effet, que la science photographique est essentiellement française par ses origines et par ses progrès, qu'elle est aujourd'hui l'auxiliaire précieuse de toutes les sciences et de tous les arts.

Après soixante et un ans d'existence d'une industrie dont le développement considérable est en rapport même des découvertes de nos savants, le plus illustre d'entre eux, à l'heure actuelle, M. Lippmann, à qui l'on doit la photographie directe des couleurs, développera la pratique et la théorie de son invention dans une conférence réservée aux membres de ce Congrès, qui fera date dans les annales de la photographie.

La cotisation est fixée au prix uniforme de 10 francs pour les membres actifs comme pour les membres honoraires.

Les instruments susceptibles d'une présentation devront être rendus, avant le 18 mai, au Conservatoire national des Arts et Métiers.

Cette note, traduite en allemand, avec quelques suppressions de fond, a été adressée aux journaux suivants :

1° *Photogr. Correspondenz* (Vienne) ;
2° *Photogr. Mittheilungen* (Berlin) ;
3° *Atelier des photographen* (Halle a/ S.; ;
4° *Deutsche Photographen Zeitung.*

Elle a, en outre, été adressée, en français, avec une lettre à

Anthonys Bulletin (New-York).
British Journal of Photography (Londres).

Indépendamment des démarches faites par le Comité d'organisation, une note a paru dans :

La Croix (19 mai).
Bien public de Dijon.
Echo Français.

LE CONGRÈS

—

PREMIÈRE SÉANCE PRIVÉE DU 19 JUIN 1900

Allocution de M. Paul NADAR, président

Messieurs et chers Collègues,

Avant de procéder à l'élection de notre Bureau, vous tiendrez sans doute à vous associer au témoignage de reconnaissance que votre Commission d'organisation adresse à tous ceux qui l'ont aidée dans la préparation du premier Congrès national de la photographie professionnelle, ou qui lui apportent encore le précieux concours de leur science, de leurs conseils expérimentés et de leur talent.

Votre Commission d'organisation vous propose de voter par acclamations des remerciements à M. Millerand, Ministre du Commerce et de l'Industrie, à M. Leygues, Ministre de l'Instruction publique et des Beaux-Arts, qui, après avoir accordé le concours et le patronage du Gouvernement à notre œuvre, sont tout désignés comme Présidents d'honneur de ce Congrès.

Le même titre revenait de droit à deux des plus illustres savants dont s'honore actuellement la science photographique française, au colonel Laussedat, membre de l'Institut et Directeur du Conservatoire national des Arts et Métiers, et au professeur Lippmann, membre de l'Institut.

Les découvertes de l'un et de l'autre, tout en perpétuant le bon renom de la science française à l'étranger, ont rehaussé notre profession, en appelant l'attention du public sur les si incontestables et importants services rendus aujourd'hui par la photographie aux sciences comme aux arts.

Le colonel Laussedat avait réservé à notre pays la gloire de la première application de la photographie au lever des plans et sa méthode photométrographique est aujourd'hui répandue sur tous les points du globe ; est-il besoin de rappeler parmi nous cette merveilleuse découverte de la photographie directe des couleurs, due aux recherches opiniâtres et à la science profonde du professeur Lippmann.

Tous deux, dans les circonstances présentes, nous ont renouvelé les preuves les plus évidentes de leur bienveillance et de leur sympathie à l'égard de notre corporation, et c'est ainsi que le colonel Laussedat nous offrait ici la plus cordiale et la plus franche hospitalité, sachant que l'enseignement de la photographie, qu'il a encouragé et soutenu depuis si longtemps, est un des buts poursuivis par notre Congrès, pendant que le professeur Lippmann nous réservait, pour dimanche, une conférence sur la théorie et la pratique de la photographie directe des couleurs.

Votre Comité d'organisation vous propose également d'acclamer comme vice-présidents d'honneur : M. Vidal, professeur aux Arts décoratifs, président honoraire de la Chambre syndicale de la photographie et de ses applications ; M. Davanne, vice-président de la Société française de photographie, membre d'honneur de notre association corporative, MM. Michel Berthaud et Pannelier, ses derniers présidents, et MM^{es} Pouillet, Sauvel, Vaunois et Marcel Lamare, membres de son Conseil judiciaire.

Les services qu'ils ont tous rendus à la photographie et à notre corporation sont trop nombreux et trop éminents pour qu'il soit possible de les rappeler et de les énumérer ici, et je suis certain d'être votre interprète en leur affirmant que le témoignage de respect que nous leur adressons en ce moment, nous semble bien faible en comparaison de notre gratitude. Je me permets, Messieurs, de souhaiter, en votre nom, la plus franche bienvenue aux hôtes éminents que nous sommes particulièrement heureux de voir à nos côtés, sur l'invitation qui leur a été adressée par votre Comité d'organisation : au docteur Eder, le savant créateur et directeur de cet admirable Institut des arts graphiques de Vienne ; à notre collègue Priam, qui préside depuis quatorze ans l'association des photographes professionnels suisses, et qui pourra nous dire quels importants et excellents résultats a obtenus la bonne entente de tous nos confrères dans sa patrie ; à M. Pector, dont le dévouement à notre science nationale de la photographie se manifeste en toute occasion, par l'organisation de nos Congrès internationaux, et par le fonctionnement de cette « Union » qui centralise les efforts de toutes nos sociétés ; à notre ami Fabre, le si distingué professeur à la Faculté des sciences de Toulouse, dont nous connaissons tous les publications et l'intéressant annuaire, et à M. Gravier, toujours prodigue de son zèle dans ses actes et dans ses écrits, pour l'amélioration du sort des travailleurs et pour l'avancement de la science photographique.

Qu'il me soit aussi permis, au nom de notre Chambre syndicale, qui a pris l'initiative de ce Congrès et qui l'a préparé, d'adresser les mêmes souhaits de bienvenue à tous nos confrères ou collègues venus des quatre coins de la France. — Sans souci de l'espace qu'ils avaient à parcourir, sans hésitation devant les multiples raisons qui les retenaient à leurs foyers, dans un seul but d'intérêt général et corporatif, ils ont répondu à notre appel avec un empressement dont nous ne saurions trop les féliciter.

Ils sont assurés de trouver le meilleur accueil possible de la part de leurs collègues parisiens, et le bon esprit de confraternité, dont témoigne la réalisation de ce Congrès, en s'étendant chaque année par son renouvellement, aura pour conséquence certaine l'amélioration et l'élévation de notre situation corporative, en même temps que le developpement et le progrès de notre industrie et de notre art.

Notre corporation, Messieurs, aujourd'hui si nombreuse, ne peut trouver sa force et sa puissance que dans une union à laquelle nous la convions ardemment, et la nécessité, l'indispensabilité de cette union est devenue chaque jour plus évidente, en face de la transformation des procédés photographiques qui ont bouleversé les conditions industrielles et commerciales de nos maisons.

Mais, si la vulgarisation de la photographie, par le gélatino-bromure notamment, a pu porter atteinte à l'industrie photographique courante, elle a eu, d'autre part, pour avantage, de nous permettre d'améliorer notre production et conséquemment de relever notre profession ; mais cette concurrence à laquelle elle a donné naissance, jusque dans le travail de l'amateur, nous oblige à des progrès incessants.

Envisageant donc les choses sous leur aspect véritable, il nous faut considérer que notre intérêt privé est, en somme, intimement lié aux progrès de tous nos confrères.

Le public, en effet, n'établit qu'une comparaison générale, entre le travail des professionnels et celui des amateurs, sans grande distinction de personnalité, et, comme nous ne pouvons donc vivre qu'en prouvant l'incontestable supériorité de notre production, l'enseignement de la photographie reste d'intérêt trop capital pour que les pouvoirs publics ne prennent pas enfin une décision si nécessaire, dans la patrie de Niepce et de Daguerre, et en faveur de la corporation à laquelle leur invention a donné naissance.

En attendant la création en France de cet enseignement, nos Congrès annuels nous permettront de nous tenir tous au courant des progrès qu'il nous est indispensable de réaliser, et c'est pourquoi je vous proposerai tout à l'heure d'émettre, vis-à-vis de notre Chambre syndicale, un vœu relatif à l'institution d'une commission permanente de progrès, qui aura pour mission de rechercher et de préparer, en faisant les essais nécessaires, toutes les présentations qui devront avoir lieu à nos séances annuelles.

Messieurs, les questions soumises à notre ordre du jour sont trop nombreuses, et parfois trop graves, pour que nous puissions espérer arriver du premier coup, et pour chacune d'elles, à la solution désirable. Il nous sera sans doute impossible, dans certains cas, de trouver le temps nécessaire à leur complet développement et à une résolution définitivement utile que nous pourrons prendre après une étude plus approfondie. Je pense que vous jugerez alors préférable, sans nous attarder trop, et pour que nous puissions suivre jusqu'au bout notre programme, de remettre au prochain Congrès les sujets que vous croirez susceptibles d'une nouvelle discussion.

Mais j'appelle particulièrement votre attention sur toutes les questions que nous aurons à soumettre le mois prochain, soit au Congrès international de la Photographie, soit à celui de la Propriété artistique et littéraire.

En ce qui concerne la protection légale de nos droits, nous sommes fort heureusement assurés de trouver, dans ces deux Congrès, les défenseurs les plus compétents et les plus autorisés, puisque Mrs Pouillet, Sauvel et Vaunois, ainsi que MM. Davanne et Vidal, y doivent prendre une part active.

Enfin, Messieurs, pour terminer, et quels que puissent être les résultats de ce premier Congrès, vous excuserez l'inexpérience de notre Commission d'organisation, qui, sans aucune prétention, mais sincèrement et loyalement, s'est attachée à la réalisation de l'œuvre si utile que lui avait confiée notre Chambre syndicale.

La participation officielle du Gouvernement à ce Congrès, et particulièrement celle du Ministre de l'Instruction publique et des Beaux-Arts, qui, il faut bien le remarquer, accordait pour la première fois son patronage à l'art photographique, nous avait été du plus précieux encouragement ; mais nous nous réjouissons, par-dessus tout, de nous voir assemblés si nombreux dans un même but et avec la même pensée, puisque en unissant nos efforts, en vue du progrès matériel et moral de notre corporation, nous donnons ainsi une preuve éclatante de notre solidarité confraternelle.

Allocution de M. Léon *VIDAL*

Messieurs,

J'ai le devoir de combler une lacune dans l'exposé, pourtant si complet, de notre excellent et dévoué Président.

Il ne pouvait oublier que son œuvre personnelle, et s'il l'a fait, nous n'avons pas les mêmes motifs pour l'imiter.

Je crois donc être l'écho de l'Assemblée tout entière en adressant à Paul Nadar un témoignage de toute sa sympathie et de son entière gratitude pour l'activité et le dévouement par lui déployés, en vue de l'organisation de ce premier Congrès de la photographie professionnelle.

Il lui a fallu faire bien des démarches, consacrer bien du temps, sacrifier souvent les intérêts personnels sous l'impulsion d'une conviction profonde, pour obtenir le Concours des pouvoirs publics et assurer, avec l'aide des autres membres zélés du Bureau et du Syndicat qu'il préside, le premier et si heureux résultat que nous constatons aujourd'hui.

Il m'a semblé nécessaire et juste que ces choses-là soient dites, et que notre ami Nadar, comme sanction de tant d'efforts féconds, reçût pour son œuvre personnelle une marque de votre pleine et reconnaissante approbation.

Il a été l'âme de ce Congrès, dont il a entrevu non seulement la possibilité, mais encore l'utilité pratique, à la condition de le voir se renouveler chaque année.

« Ce renouvellement, a-t-il dit, aura pour conséquence certaine l'amélioration et l'élévation de la situation corporative des photographes, en même temps que le développement et le progrès de leur art et de leur industrie. »

Nous en sommes, je l'espère, tous convaincus.

Pour ma part, j'ai pu suivre d'assez près l'évolution graduelle de l'industrie photographique vers une spécialisation toujours plus marquée, pour comprendre, peut-être mieux que d'autres, tout l'intérêt que présente l'œuvre du premier Congrès actuel.

Sans remonter au delà de 1889, nous trouvons alors les photographes et les constructeurs et commerçants de la photographie groupés en une seule et même *Chambre Syndicale de la Photographie.*

Ce n'est qu'après l'Exposition universelle de 1889, à l'issue de notre propre Présidence, que la séparation s'est produite, donnant lieu à l'existence de deux chambres distinctes.

C'était là un premier acheminement vers un groupement plus rationnel, et c'est de là qu'est sortie l'idée, si heureusement réalisée, de ce premier Congrès de la photographie professionnelle.

Il était bien évident que, dans cette scission, il eût fallu, comme d'aucuns le proposaient, en venir à une Chambre syndicale formée de deux sections d'intérêts antagonistes ; la Chambre des photographes, par exemple, ne demandant qu'à payer le moins possible, tandis que l'idéal des fabricants est de vendre le plus cher possible.

Un Congrès ne pouvait donc être organisé que par chacune des sections agissant à l'exclusion de l'autre, au moins pour bon nombre de questions.

Le fait de l'organisation de deux corporations professionnelles distinctes a devancé la séparation, — dans les expositions photographiques, — des Jurys propres à chacune des spécialités.

On a lieu de se demander, en effet, pourquoi l'on persiste à fusionner au sein d'une seule et même classe les moyens et les résultats, les œuvres finales et leurs véhicules, et pourquoi l'appréciation des objets se trouve confiée à un seul et même Jury.

C'est là une des intéressantes questions portées à l'ordre du jour de vos séances.

Ces seules indications sont une preuve bien concluante de l'intérêt que présentera une réunion annuelle de la corporation photographique professionnelle.

Vous n'êtes aujourd'hui qu'une centaine, ce nombre sera doublé l'année prochaine ; je ne crains pas de faire erreur en le prophétisant.

Toutefois vous n'en êtes encore qu'à l'apprentissage de la mise en commun des intérêts généraux, moraux et industriels, d'une corporation bien jeune encore et apprenant à peine à marcher seule, dégagée de tous liens étrangers à sa personnalité immédiate.

Y a-t-il si longtemps que des amateurs d'élite se croyaient en France les seuls représentants autorisés de la photographie et que la Société française de photographie, toujours si dévouée à tous les progrès de l'art et de l'industrie photographiques, constituait à elle seule la corporation photographique française tout entière, groupant dans son sein, non seulement bon nombre de savants éminents et d'amateurs distingués, mais encore les principaux photographes professionnels, fabricants et constructeurs de produits et d'appareils photographiques.

Nous espérons donc que les temps ne sont pas bien éloignés de l'époque actuelle où la corporation photographique, soit celle de tous les photographes professionnels, constituera une Chambre syndicale imposante par la valeur de ses membres et par leur nombre, rayonnant sur la France entière et tenant annuellement ses assises et ses expositions à Paris, pour y discuter les questions d'intérêt commun, s'y mettre au courant des progrès accomplis et y adopter, avec possibilité de les mettre en pratique, toutes les solutions de nature à favoriser l'expansion des applications photographiques et à contribuer à la plus grande considération de ce merveilleux moyen de copie et d'illustration par la création des documents les plus authentiques et par suite les moins discutables.

Veuillez me pardonner, Messieurs, le retard imposé à vos travaux par cette allocution qui m'a semblé nécessaire pour mieux préciser encore la portée de ce Congrès et pour appuyer davantage sur son caractère moral, utilitaire et fécond.

BUREAU DU CONGRÈS

Président : M. PAUL NADAR.
Vice-Présidents : MM. EUGÈNE PIROU, PROVOST (Toulouse).
Secrétaires : MM. LADREY fils, GERSCHEL.
Trésorier : M. MAXIME CHARRIER.

BUREAU DES SECTIONS

1° PORTRAITS.

    Président : M. PAUL BOYER.
    Vice-Président : M. P. BERGER.

2° ÉDITION.

    Président : M. BULLOZ.
    Vice-Président : M. ED. HAUTECŒUR.

3° IMPRESSIONS PHOTOMÉCANIQUES.

    Président : M. DUJARDIN.
    Vice-Président : M. GENTIL.

Vœu en faveur des opérateurs-retoucheurs photographes pour obtenir le bénéfice de l'article 23 de la loi militaire du 15 juillet 1889.

Les connaissances scientifiques et artistiques qu'exige aujourd'hui l'emploi d'opérateur retoucheur dans les ateliers de photographie, rendent la formation d'un personnel d'élite longue et difficile.

L'apprentissage professionnel, commencé à l'atelier à l'âge de 16 à 18 ans, doit être complété par des études de chimie, la fréquentation de cours de dessin qui se poursuivent pendant plusieurs années consécutives pour être fructueuses. Une interruption prolongée de la pratique de leur art, l'abandon des cours complémentaires entraînent forcément la perte des connaissances acquises, contribuent à maintenir le personnel français dans un état d'infériorié marquée vis-à-vis de celui que les maisons de premier ordre sont contraintes de recruter à l'étranger, faute de pouvoir le trouver parmi nos nationaux.

Aujourd'hui que la Photographie, dans ses multiples applications, a donné naissance à des industries nouvelles qui acquièrent chaque jour un plus grand développement ; que ces industries ont à subir une redoutable concurrence des nations voisines où l'enseignement technique est donné dans des Écoles spéciales, d'où sortent des élèves dotés d'une instruction solide ; il serait de la plus haute importance que notre personnel, qui est loin d'être aussi favorisé, reçoive en compensation un allègement dans la durée du service militaire, qui ne devrait pas excéder une année, comme il arrive pour la catégorie de nos ouvriers des industries d'art, auxquels il conviendrait qu'il soit assimilé.

C'est pourquoi le Congrès National de la Photographie émet le vœu que les opérateurs-retoucheurs photographes ne soient astreints qu'à une année de service militaire.

Texte du Vœu formulé par le Congrès

Le Congrès émet le vœu que les opérateurs en photographie soient classés parmi les ouvriers d'art en vue des dispenses de service militaire.

La photographie et sa protection légale

Rapport de M. Vaunois

La loi des 19-24 juillet 1793 protège, en France, les peintres, les dessinateurs et toutes les productions de l'esprit et du génie qui appartiennent aux beaux-arts. Elle ne visait expressément ni la sculpture, ni l'architecture, ni, bien entendu, la photographie, qui n'était pas encore inventée. Mais son texte est heureusement très compréhensif.

La doctrine et une jurisprudence qui paraît solidement établie, sont d'accord pour appliquer cette loi aux œuvres photographiques. Les juges, dans leurs arrêts les moins favorables, se réservent seulement d'examiner si les productions qui leur sont soumises témoignent de la personnalité de l'auteur et si elles offrent un certain mérite de conception ou d'exécution. On ne contrefait guère que ce qui a une valeur. La loi s'applique donc à peu près régulièrement. Par conséquent, on peut dire que la situation légale du photographe est satisfaisante, puisqu'on le traite comme tous les artistes en général.

Le vœu à exprimer est que, si la loi de 1793 subissait un jour une refonte d'ensemble (refonte qui ne paraît ni tout à fait prochaine ni très désirable), il y aurait lieu de comprendre, dans les nouveaux textes, des dispositions faisant rentrer expressément et sans restriction les œuvres dérivant de la photographie dans les productions du dessin (ce serait l'exécution pure et simple des vœux adoptés dans les congrès internationaux) et quelques dispositions spéciales relativement aux portraits et à la propriété des clichés, afin de mieux fixer les règles déjà suivies.

A ce titre, les formules qui nous sont recommandées par M. Davanne méritent toute notre attention.

Remarquons enfin, — puisque la situation légale est actuellement conforme à ce qu'on peut désirer, et bien supérieure à ce qu'elle est dans nombre de pays étrangers, — qu'il reste surtout à faire de plus en plus consacrer cette situation par les usages et à ne pas négliger d'obtenir des éditeurs et du public, dans toutes les occasions, la reconnaissance constante des droits du photographe. L'application peut conduire à quelques difficultés, et doit entraîner des tempéraments ; mais le principe qui nous est cher doit être mis hors de discussion. L'Alliance des photographes a entrepris à ce sujet une campagne dont il convient de souhaiter la réussite, et la Chambre syndicale sera certainement toujours disposée à prêter son appui, dans ce but, à tous les photographes de France.

Vœux proposés et adoptés par le Congrès relativement à la question précédente

« Les œuvres photographiques ont droit à la même protection légale que les autres œuvres graphiques et artistiques, telles que les œuvres du dessin, de la gravure en creux ou en relief et de la lithographie. Il est à désirer que la jurisprudence française maintienne ce principe déjà proclamé par elle et que les œuvres photographiques soient formellement assimilées aux autres œuvres graphiques sus-énoncées dans toutes les lois qui pourraient intervenir.

« Le possesseur d'une épreuve photographique, portrait ou autre, ne pourra en faire, faire faire, permettre de faire la reproduction en un format et par un procédé quelconque, pour un profit commercial ou dans un but de spéculation quelconque, sans l'assentiment des ayants-droit. »

PREMIÈRE SÉANCE PLÉNIÈRE DU SOIR

1ᵉʳ juin 1900.

Allocution de M. Paul NADAR, président

Messieurs,

Dès l'ouverture de cette séance plénière, au nom du Bureau du premier Congrès national de la Photographie professionnelle et de la Chambre syndicale de la Photographie et de ses applications, j'adresse un cordial salut à tous nos collègues, membres adhérents, qui ont bien voulu nous réserver les intéressantes présentations et démonstrations, que nous trouvons inscrites à notre ordre du jour.

Il m'est particulièrement agréable de vous rappeler l'adhésion officielle à notre Congrès de la Chambre des Fabricants et Négociants de la Photographie, que nous a fait parvenir son très sympathique Président et dont j'ai tenu à donner lecture ce matin, immédiatement au début de notre séance (1).

(1) Voir page 13.

L'unanimité de cette décision, qui témoigne de la cordialité des relations de nos deux Chambres syndicales de la Photographie, ne pourra que s'étendre dans l'avenir; elle nous réjouit tout particulièrement, puisque, tout en aidant au développement commercial des uns, elle donnera naissance aux progrès des autres, et c'est ainsi que le renouvellement annuel de ce Congrès concourra à la prospérité de toutes nos industries photographiques et au développement de notre art national.

Allocution de M. J. Demaria, président de la Chambre Syndicale des Fabricants et Négociants de la photographie

MESSIEURS,

Je remercie votre Président, M. Paul Nadar, de l'honneur qu'il a bien voulu me faire tout à l'heure, en m'invitant à prendre place au Bureau, et je ne manquerai pas, croyez-le, de faire part à mes collègues de l'accueil que vous avez réservé à leur Président à la séance d'ouverture de votre premier Congrès.

Comme vous venez de l'entendre, notre Syndicat, dans sa dernière séance, a décidé à l'unanimité d'y adhérer; c'est vous dire combien tous ceux qui en font partie se sont intéressés à votre œuvre.

Votre Chambre compte parmi ses membres les maisons les plus importantes de la Photographie professionnelle, et les magnifiques épreuves exposées à la Classe XII dans vos différents salons, permettent d'ajouter que les représentants les plus autorisés de l'art photographique en France sont aussi dans ses rangs; de notre côté, les fabricants et les négociants les plus renommés font partie de notre Syndicat; nous représentons donc deux forces qui peuvent, sans jamais se nuire, travailler syndicalement côte à côte, et cela certainement pour le plus grand bien de tous.

De plus, nous sommes, dans notre Syndicat, les producteurs des instruments, produits, accessoires dont vous vous servez journellement dans vos ateliers et dans vos laboratoires; des liens commerciaux nous unisssent donc presque tous les uns aux autres, et c'est encore, je pense, une raison de plus pour que nous vivions en bonne harmonie.

J'ajouterai qu'au-dessus de ces questions syndicales et commerciales, nous ne devons pas perdre de vue un seul instant que notre entente est indispensable aux intérêts et aux progrès de notre art si éminemment français, si nous voulons en soutenir le prestige et l'éclat.

Au nom de notre Chambre Syndicale des fabricants et négociants de la Photographie, je souhaite à votre premier Congrès de la Photographie professionnelle tout le succès auquel il a droit, et je félicite votre actif et dévoué Président, pour le zèle dont il fait preuve dans cette heureuse initiative.

LE DÉVELOBOX

LABORATOIRE PORTATIF DE M. PAUL DONNY

Le laboratoire portatif dénommé par son inventeur, M. Paul Donny, le « Dévelobox », est un appareil destiné à remplacer le laboratoire obscur et à permettre, sous une forme aussi simple que pratique, de réaliser les diverses manipulations photographiques en leur conservant toutes leurs garanties de succès, sans présenter cependant les multiples inconvénients de la chambre noire souvent défectueuse, quelquefois même impossible à trouver.

L'appareil se compose essentiellement de deux châssis en bois formant un angle droit, mais pouvant se rabattre l'un sur l'autre comme une boîte et son couvercle. Un voile noir parfaitement opaque limite, sur les trois autres faces, l'espace compris entre le fond de l'appareil et sa partie antérieure, de telle sorte que le dispositif ouvert affecte la forme d'un prisme couché sur l'une de ses faces rectangulaires. En haut, au milieu de l'arête, un double oculaire permet d'examiner les cuvettes qu'éclaire une petite fenêtre jaune pratiquée au milieu du voile noir, qui forme la face inclinée de l'appareil. A l'intérieur, peuvent se loger, malgré le faible volume de $0.40 \times 0,35 \times 0,40$ pour le format 13×18, trois cuvettes, une boîte de plaques, deux châssis doubles, les oculaires, deux grands flacons, deux entonnoirs, un verre gradué et une serviette.

(D'après la présentation de l'inventeur.)

FONCTIONNEMENT DU DÉVELOBOX

(Extrait du Mémoire déposé par M. Donny.)

Façon de disposer l'appareil. — Le placer sur une table quelconque, en plein jour si l'on travaille dehors, devant une fenêtre si l'on travaille à l'intérieur, ou à proximité d'une lampe quelconque si l'on travaille le soir.

Ouvrir l'appareil sous son angle droit, et le maintenir ouvert en le fixant au moyen de ses deux raidisseurs en métal.

Sortir les oculaires de l'intérieur de l'appareil et les glisser dans leur emplacement au-dessus du verre jaune. Fixer leur écartement chacun à son point, de façon que le tour des yeux repose exactement sur les ouvertures garnies de peluche, pour que la vue suive à l'intérieur de l'appareil les diverses manipulations et intercepte ainsi l'introduction de toute lumière extérieure.

Pour charger les châssis, jumelles ou appareils quelconques :

1° Introduire par la porte du « Dévelobox » les châssis ou appareils à charger et la boîte de plaques ;

2° Fermer l'écran intérieur devant le verre rouge pour atténuer la lumière, refermer la porte du « Dévelobox » ;

3° Introduire les mains dans les manchons, les caoutchoucs aux poignets, de manière à avoir les mains très libres ;

4° Procéder au chargement des châssis ou appareils comme on a l'habitude de le faire en regardant par les oculaires.

Pour développer les clichés, nous conseillons, pour la commodité des manipulations, de suivre les dispositions suivantes :

Introduire dans le « Dévelobox » :

1° Le couvercle miroir au fond à droite ; 2° la cuvette spéciale que l'on place sur le miroir et dans laquelle on a eu soin de préparer son bain révélateur ; 3° une cuvette quelconque contenant de l'eau pure que l'on place à gauche au fond ; 4° les châssis ou réservoirs à plaques contenant les clichés à révéler, que l'on place à l'intérieur, devant la porte ;

5° S'assurer que l'écran du verre rouge est clos et fermer la porte du « Dévelobox ».

Il n'y a plus maintenant, après avoir introduit ses mains dans les manchons et posé ses yeux sur les oculaires, qu'à se livrer aux mêmes opérations que dans l'ancien laboratoire.

Donc, vous sortez un cliché des châssis et le plongez dans le bain révélateur, puis vous recouvrez la cuvette de son couvercle miroir.

Pour examiner votre cliché dans son bain, ouvrez l'écran du verre rouge, soulevez avec les deux mains la cuvette qui reste recouverte de son couvercle en l'élevant le plus près possible de votre vue ; dans cette position, vous ne devez rien voir du tout ; enlevez alors seulement le couvercle miroir d'une main en maintenant la cuvette de l'autre main, passez le miroir au-dessous de la cuvette en l'inclinant sous un angle de 30 à 35 degrés, que l'on trouve de suite, de manière que le jour venant du verre rouge frappe le miroir, et se reflétant à travers la cuvette dans laquelle votre regard plonge, vous permette de suivre les plus minutieuses phases du développement du cliché par transparence sans avoir à y toucher. Suivre dans cette position le travail du cliché en remuant légèrement la cuvette. Si l'on opère avec un révélateur lent, reposer la cuvette soigneusement recouverte de son couvercle-miroir, on peut alors impunément quitter les oculaires et les manchons, céder sa place à d'autres personnes, voire même ouvrir la porte du « Dévelobox » pour entrer ou sortir des accessoires, puisque le cliché se trouve hermétiquement enfermé dans sa cuvette à couvercle.

Le développement achevé, recouvrir la cuvette de son couvercle et la reposer dans l'appareil, fermer l'écran du verre rouge, sortir alors son cliché du bain révélateur et le laver légèrement dans la cuvette d'eau pure. Sortir ensuite cette cuvette du « Dévelobox » et effectuer le *fixage à l'hyposulfite à l'extérieur de l'appareil en plein jour*.

Cette manière d'opérer ne présente aucun danger de voiler son cliché, du moment qu'il a été lavé si peu que ce soit et qu'il n'est pas appelé à être replongé dans le bain révélateur. Une seule expérience suffit d'ailleurs pour s'en convaincre, et nous ne préconisons notre manière de faire que pour la propreté du laboratoire.

Les personnes qui passent directement leurs clichés du bain révélateur dans le bain d'hyposulfite n'ont qu'à remplacer la cuvette d'eau par de l'hyposulfite.

Observation. — Pour toutes les manipulations autres que celle qui consiste à regarder la venue du cliché dans le bain révélateur, laisser par précaution l'écran intérieur du verre rouge fermé.

Nota. — L'appareil contient très bien les flacons nécessaires pour atténuer ou renforcer le bain.

Les opérateurs qui craindraient de fixer à l'hypo en plein jour recouvriront la cuvette d'eau avec le couvercle-miroir quand le cliché y sera plongé ; puis ouvrant la porte du laboratoire, substitueront la cuvette d'hypo à la cuvette révélateur.

PAPIERS AU COLLODION (SOCIÉTÉ HÉLIOS)

Présentation de M. Charles Gravier

Messieurs,

Le Directeur de la Société Hélios ne pouvant assister à la séance, m'a prié de vous présenter des épreuves des différents papiers que la Société fabrique dans son usine de Villemomble, près Paris, et de vous dire quelques mots sur cette usine.

La Société Hélios a été créée, paraît-il, pour fabriquer en France certains produits photochimiques et pharmaceutiques ayant du succès à l'étranger, en y apportant les perfectionnements indiqués par l'emploi ; dans ce but, elle a installé, dans son usine, des laboratoires de chimie et fait à façon, sur ses papiers, les tirages pour les professionnels et les négociants d'articles photographiques.

Dès l'installation de son usine, elle a entrepris la fabrication de papiers photographiques au chlorure d'argent dissous dans un milieu colloïdal ou dans du collodion.

La conservation des papiers de ce genre est de peu de durée à l'état sensible ; dans le but de retarder l'altération, la Société Hélios a fait étudier l'interposition, entre le papier et l'émulsion, d'une solution résineuse, servant d'isolant, qui aurait déjà été essayée avec succès en Allemagne. A Villemomble, la qualité de l'eau laissant à désirer, les premiers essais n'ont pas répondu aux espérances, et ce n'est qu'après plus d'une année de recherches que la Société est parvenue à fabriquer des papiers qui ont donné, paraît-il, de bons résultats à ceux qui les ont employés.

Ils sont de trois sortes :

1° Le papier résine, brillant ou mat ;

2° Le papier platino-résine ;

3° Le papier colloïd au citrate d'argent.

Les papiers ci-dessus sont traités, après le tirage du châssis-presse, dans les bains de virage indiqués sur les modes d'emploi.

Sauf pour le papier platino-résine, qui passe soit dans un bain de chloroplatinite de potassium pour les tons noirs, soit pour les tons noirs-bleu dans un bain préalable de chlorure d'or, la Société Hélios préconise les formules au sulfocyanure et en donne un certain nombre.

Les résultats que vous avez sous les yeux présentent, pour chaque papier, une grande régularité de tons et des blancs très purs.

Sur l'usine, ma tâche est difficile, car il serait indiscret, en l'absence du Directeur, de donner certains détails ; ce que je puis certifier, c'est que j'ai vu la plupart des usines françaises et que l'usine de Villemomble est une de celles où tout a été prévu pour assurer, dans les salles de séchage, une régularité *mathématique* de la température, condition essentielle pour la conservation du papier. Les machines à étendre sont étudiées sur un nouveau modèle qui nécessite un grand espace.

L'usine est éclairée électriquement dans toute son étendue.

RELAMPAGO GUIMARAÈS

L'appareil de M. Guimaraès, dit « Relampago », a été présenté au Congrès par M. Édouard Belin, en présence de l'inventeur, qui a fait suivre les explications d'expériences pratiques particulièrement intéressantes.

Le rapport ci-dessous et le dessin qui l'accompagne nous ont été fournis par M. Guimaraès, lui-même :

L'appareil « Relampago Guimaraès », que je présente au monde photographique à l'occasion de l'Exposition universelle de 1900 (Classe XII), est une nouveauté essentiellement pratique ayant pour objet la production d'une lumière artificielle intense pour la photographie instantanée.

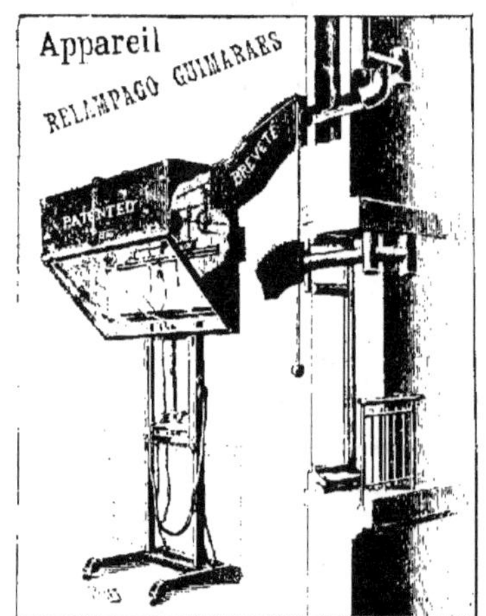

Photographe de profession, ayant pratiqué personnellement pendant quarante-cinq ans, dans un établissement modèle au Brésil, tous les genres et procédés, depuis la daguerréotypie jusqu'aux émaux de l'époque actuelle, j'ai pu étudier les progrès de cet art dans tous ses développements, ce qui, dans de récentes expériences, m'a conduit à découvrir dans l'emploi judicieux de la lumière au magnésium, des avantages jusqu'ici inconnus.

Mon appareil, breveté en France et à l'étranger, n'est pas un objet de luxe destiné seulement, comme beaucoup d'autres, à orner un atelier ; c'est un appareil d'utilité courante dont tous les ateliers photographiques sérieux devront être pourvus, puisqu'il permet d'obtenir, économiquement, la nuit comme le jour, des épreuves absolument parfaites, les praticiens les plus exercés ne pouvant d'ailleurs que difficilement déterminer le genre de lumière par lequel elles ont été obtenues. Élégant, simple et peu coûteux, le « Relampago Guimaraès » deviendra l'auxiliaire indispensable de tout photographe qui s'en sera une fois servi.

Mon appareil, qui produit la lumière artificielle par la combustion d'une poudre de magnésium de composition spéciale, a été conçu et étudié en vue d'éviter soigneusement tous les défauts des autres appareils similaires. De là ses avantages résumés ci-après :

QUALITÉS ET AVANTAGES DE L'APPAREIL « RELAMPAGO GUIMARAES »

1er AVANTAGE. — *Filtrage de la lumière* produit par l'emploi d'un verre de cobalt (breveté en France et à l'étranger). Par ce moyen, les clichés sont obtenus plus beaux qu'avec la lumière du jour; fouillés dans les moindres détails, ils possèdent une finesse et une douceur remarquables, en conservant au modèle l'expression naturelle de la physionomie.

2e AVANTAGE. — *Simplicité du chargement.* — Cette opération se fait en quelques secondes, avant la pose du sujet, et l'appareil ainsi préparé est prêt à fonctionner, lorsque la pose est terminée, par une simple pression sur une poire en caoutchouc.

3e AVANTAGE. — *Evacuation de la fumée produite par la combustion de la poudre.* — La fumée produite est emmagasinée dans l'appareil et évacuée automatiquement, en deux minutes, un conduit à soufflet (breveté en France et à l'étranger) laissant à l'appareil son entière indépendance pour tous les déplacements nécessités par les poses. Aucune parcelle de fumée ne se répand dans le local, d'où suppression de toute incommodité pour l'opérateur et le sujet.

4e AVANTAGE. — *Lueur produite sans effet nuisible sur le sujet ni sur l'objectif.* — L'emploi du verre bleu et les dispositions générales de l'appareil atténuent l'éclat éblouissant de la lueur produite et ne permettent pas aux rayons lumineux de frapper l'objectif. Il en résulte que le sujet n'est pas incommodé, qu'il conserve les yeux ouverts et l'expression naturelle de sa physionomie; d'autre part, l'objectif n'étant pas atteint, les plaques ne sont pas voilées et les images restent avec toute leur netteté et tous leur relief (1).

5e AVANTAGE. — *Résidus de la combustion conservés dans l'appareil.* — L'appareil étant clos par le verre bleu, ne permet pas la projection sur le sujet ou sur le parquet des résidus de la combustion susceptibles de produire des brûlures ou des taches sur les vêtements.

6e AVANTAGE. — *Allumage à l'alcool,* liquide que l'on trouve partout et qui supprime l'emploi plus coûteux, plus difficile et plus dangereux

(1) Le principal avantage du verre bleu est de supprimer l'éclat optique nuisible à l'expression du sujet photographié, sans enlever à la lumière fournie son élément photochimique le plus important, puisque les radiations bleues, très actiniques, agissent presque seules sur les préparations au gélatino-bromure.	E. B.

du gaz ordinaire, de l'acétylène, coton poudre, allumettes, gazoline, amorces, etc... L'alcool est allumé par un petit inflammateur électrique placé derrière l'appareil.

7° Avantage. — *Économie de poudre.* — Les dispositions de mon appareil sont telles que toute la poudre employée est complètement brûlée. Il en résulte que l'on obtient une lueur beaucoup plus intense qu'avec les autres appareils, tout en n'usant que le quart de la poudre généralement employée.

8° Avantage. — *Mobilité de l'appareil en tous sens,* hauteur, inclinaison, etc., permettant de le disposer comme il convient pour l'opération, sans que le sujet ait à se déplacer, contrairement aux procédés employés jusqu'ici, dans lesquels, l'appareil étant immobile, le sujet lui-même doit se plier à toutes les exigences et incommodités de la pose.

APPAREIL PHOTOGRAPHIQUE « LE MIROIR »

Système Gendraud

D'une très grande rapidité dans les mouvements de l'opération, suivant tous les mouvements du sujet à photographier et opérant instantanément sans mise au point préalable, le Miroir est un précieux auxiliaire pour le portrait et, en particulier, pour le portrait d'enfant.

Cet appareil a été inventé et construit par M. Gendraud, photographe à Clermont-Ferrand, pour photographier les bébés; car il permet, en même temps, d'opérer, de mettre au point et de suivre, par conséquent, tous les mouvements du modèle. Malgré la mobilité du sujet à photographier, on peut en obtenir 12 clichés en une minute, voire même faire du portrait cinématographique.

Pour opérer avec cet appareil qui comporte tout modèle d'objectif, on commence par mettre en place et par ouvrir le châssis négatif; on arme, sans découvrir l'objectif, l'obturateur dont on peut varier la rapidité à l'aide de légers contrepoids de 5 ou de 10 grammes placés à l'extrémité du cordon qui sert à l'armer.

La mise au point se fait de la main gauche avec la crémaillère de l'objectif, s'il en possède une, sinon par l'avant même de l'appareil, mais toujours en regardant le verre dépoli placé sur le côté. L'image ne se forme pas directement sur ce verre dépoli, mais y est réfléchie par un miroir vertical formant, avec l'axe optique, un angle de 135° degrés. La mise au point se fait, non pas avec un voile noir, mais avec un œilleton qui est fixé en face du verre dépoli et le couvre entièrement. De la main droite, on tient la poire de l'obturateur, qu'on déclanche aussitôt la mise au point terminée. Il n'y a plus alors, pour faire une seconde pose, qu'à faire glisser le châssis négatif, à jeter un coup d'œil sur la mise au point et à exercer sur la poire une nouvelle pression. L'appareil est muni d'une bascule qui meut à la fois le verre dépoli, l'obturateur, le chariot et le châssis négatif, et M. Gendrand fabrique actuellement un châssis-magasin, pour plaques et pellicules, qui permettra de faire avec cet appareil, et dans un temps très court, un nombre considérable de poses du même sujet.

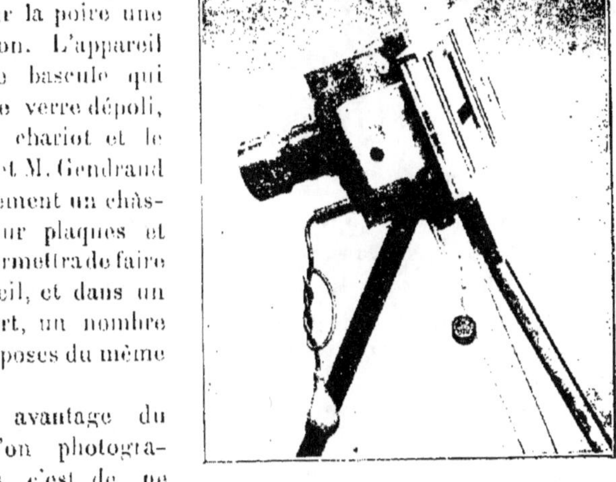

Un second avantage du Miroir lorsqu'on photographie des bébés, c'est de ne pas paraître s'occuper d'eux et par suite de ne pas les intimider ou nuire à la vérité de l'expression de leur physionomie.

L'appareil, qui est entièrement vissé, est facilement démontable.

Le « Miroir Gendrand » a été breveté postérieurement au Congrès national professionnel de 1900.

(D'après le rapport fourni par l'inventeur.)

NOUVEAU PAPIER BARYTÉ DECHAVANNES

Présenté par M. Edouard Belin

Messieurs,

Le papier que je vous présente aujourd'hui au nom de M. Dechavannes est un nouveau papier baryté pour émulsions au gélatino-bromure d'argent.

Comme la constitution même de la couche et son mode de préparation sont ici questions secondaires, mon seul but est d'appeler votre attention sur le prix de vente de ce nouveau support. M. Dechavannes en garantit la vente avec une diminution de prix de 40 à 50 0/0 sur les papiers employés jusqu'ici, et ce progrès mérite d'être signalé, non seulement parce qu'il permet de réaliser des économies considérables, mais aussi parce qu'il assure à l'industrie française, vis-à-vis de la concurrence étrangère, une supériorité désormais difficile à vaincre.

PRÉSENTATION DE M. DE M. DEGLANNE

MESSIEURS,

J'ai l'honneur de vous présenter ici les plaques et papiers photographiques de la maison Duvau (procédés E. Defez).

En dehors de la production de nos plaques rapides, ainsi que des positives pour vitraux et projections, nous avons l'avantage, Messieurs, de vous soumettre aujourd'hui nos plaques à tableaux pour la reproduction des couleurs.

Sur la demande des industriels s'occupant de la sélection des couleurs, nous avons été amenés à produire des écrans de gélatine colorée de tous formats. Les teintes en sont étudiées au *spectroscope* et établies spécialement pour le genre de travail sus-énoncé.

La fabrication de nos plaques à tableaux nous a amenés à produire une plaque qui possède de nouvelles qualités sur la plaque ordinaire et à laquelle nous avons donné le nom de *sensible aux rayons de couleurs*. Cette plaque, ayant des principes d'orthochromatisme, possède la propriété d'être sensible aux radiations jaunes et orangées, ce qui facilite l'impression pour le portrait.

En effet, Messieurs, si nous avons un modèle ayant au visage *des taches de rousseur*, sur une plaque ordinaire ces taches seront *transparentes* et nous donneront en positif des *taches noires*. Avec nos plaques sensibles aux rayons de couleurs, ces taches seront modifiées, viendront en demi-teintes, ce qui permettra une retouche facile et rapide ; de même pour les costumes en couleurs, où les teintes viendront avec leurs valeurs ; de là des clichés plus harmonieux qu'avec la plaque ordinaire.

Cette plaque a la même rapidité que nos plaques instantanées.

Je vais, Messieurs, vous parler de nos papiers photographiques. En dehors de nos papiers au citrate rapides ainsi que nos papiers au bromure extra-rapides, nous avons l'avantage de vous présenter un nouveau papier préparé spécialement pour le portrait et auquel nous avons donné le nom de papier Gélatino-Platine.

Il a la propriété de pouvoir se manipuler dans le laboratoire à la lumière *jaune ou verte*, de façon à suivre l'opération avec une grande aisance.

Sa sensibilité est grande comparée à celle du *Platine ordinaire*, mais comparée à celle du *bromure*, elle est environ 10 *fois* inférieure.

L'impression se fait à la lumière artificielle (lampe ou bougie), et l'image apparaît par développement.

Il faut peu d'agent réducteur pour produire l'image. Ainsi dans 2 litres 1/2 d'eau il suffit d'ajouter 100 grammes de révélateur ; nos essais ont été faits avec le révélateur *Cristallos*, qui nous a donné d'excellents résultats.

Avec un bain de cette nature on peut révéler 15 douzaines de portraits albums ; après développement, il suffit de fixer l'épreuve pendant une minute et de lui faire subir un lavage de deux heures à l'eau courante.

Nos papiers se font en mat ou brillant, rose ou blanc, et conviennent au paysage comme à l'édition photographique, puisque les tons ressemblent à ceux du papier citrate un peu viré.

Quant au collage et au cylindrage, ils se font comme pour les papiers au bromure.

PHOTO-TIREUR « CRISTALLOS »

Système E. DEFEZ

Présentation de l'Inventeur

MESSIEURS,

Les perfectionnements apportés à la photographie depuis bien des années, notamment par les industriels français, ont permis de donner à cette branche de l'industrie un développement considérable.

Pourtant un point restait encore à perfectionner : le tirage des positives.

La nécessité de satisfaire vite et bien la clientèle, devenue de plus en plus difficile, imposait la création d'un appareil simple, peu coûteux et facile à manier, permettant de donner rapidement un nombre d'épreuves d'égale valeur en un temps très court.

Cet appareil est aujourd'hui créé ; je pense qu'il répond à tous les besoins de MM. les professionnels, et je suis heureux de le présenter au premier Congrès.

Ne voulant pas abuser de l'attention que vous voulez bien me prêter, je vais faire passer une série d'épreuves que vous pourrez examiner pendant mes explications. — Ces épreuves sont obtenues sur les nouveaux papiers au gélatino-platine de la maison R. Duveau, d'Asnières.

Le fonctionnement est le suivant. L'appareil est composé de trois parties essentielles.

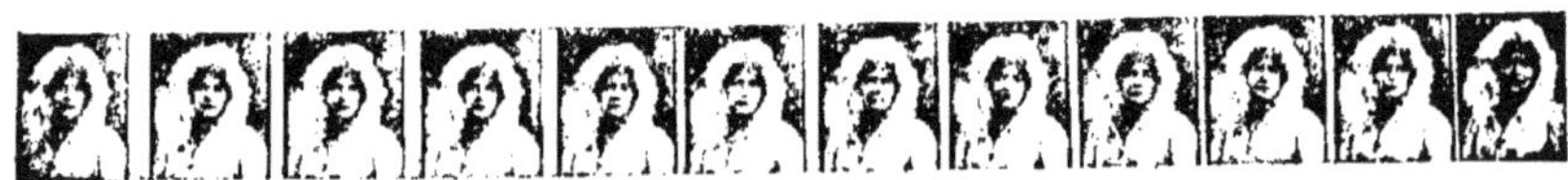

1° Un obturateur.

2° Un dispositif pour les vignettes et dégradés.

3° Un dispositif permettant l'enroulement automatique du papier posé, formant serrage et desserrage.

Le chargement et le déchargement des papiers peuvent se faire en pleine lumière.

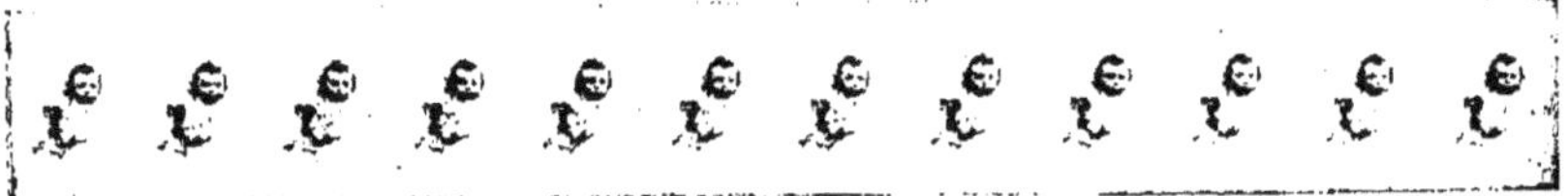

Le cliché. — Est placé sous des griffes pour être maintenu ; l'obturateur étant ouvert, on examine si le sujet est centré et si l'effet d'éclairage convient.

La bobine sensible sera mise simplement dans son logement et, tirant le papier noir, on l'amorcera dans la bobine réceptrice à gauche ; à ce moment on fermera l'appareil par le fond mobile, puis on tournera

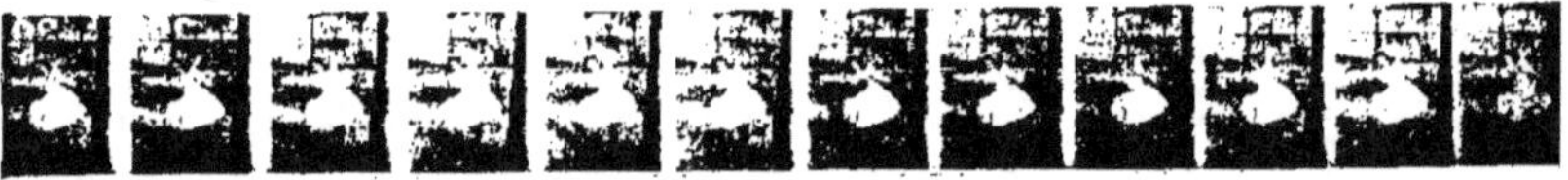

deux tours la roue d'entraînement, qui amènera le papier sensible en présence du cliché.

Pose. — A l'aide de l'obturateur on donnera le temps d'exposition convenable.

1° Cet obturateur actionne un compteur, qui laissera voir le nombre d'épreuves posées.

2° Changement d'épreuve. — En tournant la roue d'entraînement, il se produira deux effets : le premier sera de faire immédiatement le desserrage, et aussitôt l'enroulement du papier posé, et cela sans faire de friction, ni sur le papier, ni sur le cliché.

Arrêt. — Au moment où l'enroulement d'une épreuve est fait ; il se produit un clic qui indique l'arrêt : en même temps la pression nécessaire est produite pour l'épreuve suivante.

Les opérations qui précèdent se répètent autant de fois qu'il est nécessaire d'imprimer.

Fin de tirage. — La fin de la bobine étant en papier noir, il sera facile de retirer au jour la bobine réceptrice pour la porter au laboratoire de développement.

A l'arrière de l'appareil est un petit verre rouge qui permet de suivre le passage du papier pendant les opérations, ainsi que des pointes en acier qui sont destinées à perforer le papier, de façon à repérer les divisions d'image dans le cas où on désirerait couper les épreuves avant le développement.

Résumé. — Pour me résumer, le Photo-tireur Cristallos est simplement un châssis presse à répétition ; il est demi-automatique, permet de fixer les dégradés et les fonds pleins et peut employer tous les papiers à impression rapide.

OBJECTIFS PHOTOGRAPHIQUES ZEISS-KRAUSS

Messieurs,

Je vais avoir l'honneur de vous présenter ce soir deux nouvelles séries d'objectifs « le Planar » et « l'Unar », construites tout spécialement à l'usage de MM. les photographes professionnels.

Autrefois, le photographe avait à sa disposition un choix d'objectifs plus ou moins grand, et il était obligé de trouver lui-même par des tâtonnements, souvent très longs, l'objectif qui s'appropriait le mieux au but qu'il se proposait d'atteindre.

Autrefois déjà il existait des objectifs relativement très lumineux, d'une ouverture de 1 : 3 par exemple, mais ces objectifs n'avaient pas un champ suffisamment étendu, par le fait que l'on n'avait pu, jusqu'à ce jour, les corriger pour un champ suffisamment grand et leur donner une correction de l'astigmatisme suffisante.

Grâce aux formules mathématiques du professeur Abbe, mises à la disposition des constructeurs d'objectifs, ainsi qu'à la matière provenant des fabriques modernes de verre scientifique, on est arrivé à construire des objectifs ayant une ouverture relative tout aussi grande que les anciens objectifs, mais par contre beaucoup moins volumineux, d'un champ beaucoup plus étendu et anastigmatiques.

Grâce à ces progrès, on est arrivé à construire des objectifs s'appropriant, non seulement à l'amateur, mais au professionnel.

Le choix des objectifs se fait, en général, d'après leur luminosité, mais chaque série a des particularités qui lui sont propres.

Nous avons construit, jusqu'à ces derniers temps, plusieurs séries d'objectifs qui, toutes, étaient composées d'objectifs universels, appelés « Anastigmats Zeiss-Krauss », mais qui, dès aujourd'hui, portent le nom déposé de « Protars », vu l'abus que l'on fait du « Anastigmat ».

Nous possédons une série d'objectifs d'ouverture relative 1 : 9 ayant un champ d'un angle utilisable de 97°. Une autre série, d'ouverture relative 1 : 8 d'un angle de 75°. Une série d'objectifs grands angulaires, d'ouverture relative 1 : 18, offrant un angle supérieur à 110°.

Nous avons également une série d'objectifs simples d'ouverture relative 1 : 12,5, d'un angle d'image utilisable d'environ 85°, permettant d'être combinés avec d'autres objectifs simples de la même série et constituant ainsi des doublets anastigmatiques symétriques, dont l'ouverture relative est quatre fois plus grande que l'élément simple.

Vu l'universalité de ces objectifs, nous avons été appelés à construire les deux nouvelles séries sus-nommées.

Le Planar, qui est un objectif symétrique à six lentilles, dont deux collées et deux simples, et dont les particularités sont : une grande ouverture relative (1 : 3, 6 à 1 : 6) suivant la grandeur de l'objectif et un angle utilisable de 62 à 72°.

Les qualités de cette série d'objectifs sont une grande ouverture relative, une extrême finesse, une très grande netteté de l'image, une bonne correction anastigmatique et un champ angulaire relativement vaste.

Permettez-moi d'attirer particulièrement votre attention sur les dimensions déjà restreintes de cet objectif, comparé aux anciens.

Il s'emploie pour instantanés très rapides en plein air, pour portraits en plein air et à l'atelier.

Cette série comprend 18 N^{os} dont la distance focale varie entre 20 et 840 $^m/_m$.

Les petits N^{os}, 6 à 18, s'emploient pour les instantanés ainsi que pour la fixation des différentes phases du mouvement (chronophotographie), suivant le format de la plaque employée.

Pour les portraits, on emploie les N°s 12 à 18. Pour les épreuves pour cinématographie, on emploie les N°s 1 à 4.

Pour la microphotographie et les réductions, on utilise les N°s 1 à 5, dont les deux premiers sont pourvus du pas de vis anglais des microscopes.

On atteint au moyen de ces instruments un grossissement de 100 diamètres, d'un champ d'image nette, d'environ 30°.

Cette série d'objectifs est également employée pour l'autotypie et la polychromie.

La seconde série que j'ai l'honneur de vous présenter est une série intermédiaire entre le Planar et les Protars.

C'est un objectif à 4 lentilles distinctes non collées, d'une ouverture relative de 1 : 4,5 à 1 : 5 embrassant un champ dépassant 65°.

Il est beaucoup moins volumineux que le « Planar » et possède une très grande luminosité, ainsi qu'une planéité astigmatique d'un champ de très grand angle.

« L'Unar » est employé en première ligne comme objectif pour appareils à main, pour les instantanés très rapides ainsi que pour portraits, groupes et paysages.

Cette série est composée, jusqu'à maintenant, de 6 numéros dont les foyers varient entre 112 et 205 $^m/_m$.

Vu le nombre minime des lentilles, le prix de ces objectifs a pu être réduit.

Les trois plus petits numéros peuvent être munis de montures hélicoïdales, permettant une mise au point très rapide.

KRAUSS.

ADHÉSIFS ANTI-HALO DE M. DUCOS DU HAURON

PRÉSENTATION DE M. ÉDOUARD BELIN

MESSIEURS,

Les adhésifs anti-halo que j'ai l'honneur de vous présenter au nom de M. Ducos du Hauron n'ont rien de commun avec les émulsions sensibles dites anti-halo, mais constituent bien un procédé nouveau permettant d'éviter avec toute plaque photographique, les inconvénients si connus de réflexion.

Les adhésifs sont des feuilles de papier ou de toile, recouvertes d'une substance noire, agglutinante, qui permet de les faire adhérer sur le verre des plaques photographiques, sans y demeurer cependant d'une façon permanente.

Pour l'usage, il suffit d'étendre les adhésifs au dos du verre, à l'aide d'une raclette, sans aucune préparation préalable, mais en évitant les bulles d'air. Les rayons lumineux sont absorbés par la surface noire au lieu d'être réfléchis, et le halo est évité, quelle que soit la plaque employée. Une fois la pose terminée, l'adhésif peut être facilement arraché du verre et servir à un nombre indéfini d'opérations identiques.

4

DEUXIÈME SÉANCE PRIVÉE DU 2 JUIN 1900

*Des moyens de défense (notamment l'application de la patente)
contre certains concurrents des photographes professionnels*

PAR Me A. VAUNOIS

Les photographes professionnels n'exercent pas toujours leur industrie sans difficulté. Leur situation commerciale devient plus pénible à mesure que se vulgarisent les opérations photographiques; l'accroissement du nombre des amateurs est, il est vrai, un phénomène inéluctable; il peut avoir, au reste, en théorie, des résultats intéressants; il n'y a pas à songer en tout cas qu'il faille en principe, ou qu'on puisse l'enrayer.

Mais plusieurs communications adressées à la Chambre Syndicale, révèlent une série de faits d'un autre ordre, éminemment dommageables, pour les photographes professionnels, régulièrement établis à demeure dans une localité quelconque.

Tantôt c'est un photographe ambulant qui fait son tour de France et, dans un court séjour, avec grand renfort de publicité, attire toute la clientèle de chaque ville; le photographe local est, pour un certain temps, ruiné par cette concurrence inattendue.

Tantôt des amateurs, des employés de commerce ou de bureau, par exemple, qui n'ont à subir aucune des charges incombant aux professionnels (atelier, boutique, patente, etc.), transforment leurs délassements en industrie, tirent de leurs œuvres un profit pécuniaire, et font des épreuves de leurs clichés un véritable débit commercial; leur concurrence est lucrative et diminue certainement les bénéfices des photographes régulièrement établis et payant patente.

Tantôt enfin, des établissements laïques ou religieux et des associations de toute nature adressent au public, au moyen de prospectus, leurs offres de service, soit pour les œuvres photographiques, soit pour les opérations que ces œuvres entraînent; ce commerce s'exerce accessoirement en même temps que d'autres industries, à des prix dérisoires, et dans des conditions qui rendent encore cette concurrence très redoutable.

Toutes ces plaintes sont dignes d'attention. Si la situation qu'elles signalent est irrégulière, comment l'empêcher? Si elle est régulière d'après les lois actuelles, y a-t-il lieu d'y apporter des réformes, et lesquelles? La difficulté est très complexe.

La plupart de nos correspondants proposent de frapper d'une patente (qu'ils désirent lourde) leurs concurrents occasionnels ou clandestins.

En ce qui concerne les commerçants ambulants, la loi du 15 juillet 1880 sur les patentes (dans son article 18) les frappe, tout comme les industriels sédentaires. Il n'y a donc pas négligence du législateur. Veut-on critiquer le tarif applicable aux commerçants ambulants et en demander l'aggravation pour le rendre plus ou moins prohibitif? on touche alors à des questions graves, d'intérêt général, qui ne sont pas encore suffisamment élucidées. Si le problème est posé, quelle solution recevra-t-il et dans combien de temps? il est impossible de le prévoir.

Peut-être est-ce d'un autre côté qu'il faudrait porter les investigations. Les municipalités sont chargées de la police de leur territoire et de la protection de leurs administrés. Il y aurait lieu de rechercher si ce n'est pas à elles qu'il importe de faire appel, et si, au moyen de licences, de redevances et de droits de stationnement ou autres, elles ne sont pas suffisamment armées pour sauvegarder les commerçants de leur pays dans une mesure équitable.

Contre ceux qui font clandestinement une exploitation commerciale de la photographie, l'application de la patente peut, croyons-nous, être sollicitée et avoir lieu administrativement. On arrêterait ainsi quelques concurrents; mais la patente a rarement un effet prohibitif; tel n'est pas au moins son objet au point de vue légal.

Un autre remède a été proposé: l'établissement d'un impôt sur les appareils. Mais cet impôt ne pourrait jamais être une entrave ni pour l'industrie, ni pour le commerce, ni pour les simples particuliers; autrement il manquerait son but et cesserait d'être productif pour l'État. Rappelons-nous d'ailleurs que les photographes professionnels eux-mêmes auraient à le supporter (il serait peu probable qu'ils réussissent à s'en faire exempter); ce serait une charge supplémentaire ajoutée à celles dont ils se plaignent avec juste raison. Si l'impôt était modéré, comme celui qui pèse sur les bicyclettes, il serait inefficace et n'arrêterait aucune concurrence. Il serait d'ailleurs nécessairement tout à fait minime; il ne peut être, en effet, hors de proportions avec le prix des appareils, qui atteignent aujourd'hui l'extrême limite du bon marché. Souvenons-nous que ce sont ces appareils à bas prix qui suscitent tant de photographes d'occasion; que les appareils perfectionnés et coûteux se trouvent précisément chez les professionnels et que l'impôt, onéreux pour eux, ne leur apporterait en échange que des avantages tout à fait hypothétiques.

Il est certain que la profession de photographe subit une évolution douloureuse pour beaucoup d'intéressés; que pour quelques-uns une transformation lente les entraîne vers la librairie, l'édition, l'illustration, l'exploitation de droits d'auteur où ils retrouvent une part de ce qu'ils perdent sur les commandes directes de clients privés; il est certain qu'un malaise, qui n'est pas inconnu dans nombre d'autres professions, cause des plaintes vives et justifiées. Souhaitons l'union des bonnes volontés, la concordance de tous les efforts; cherchons les remèdes les plus rapides, mais avant de nous prononcer, ne serait-il pas à propos d'attendre qu'une enquête soigneuse nous éclaire sur les moyens précis et décisifs qu'il conviendra d'employer?

Proposition adoptée par le Congrès comme suite au précédent rapport

Le Congrès, touché de la situation inégale et désavantageuse où sont placés les photographes professionnels dans leur concurrence, soit vis-à-vis d'industriels nomades, soit vis-à-vis des associations et des individus qui font accessoirement ou clandestinement métier de la photographie, désigne une commission chargée de rechercher des remèdes à cette situation. La Commission examinera les mesures administratives, fiscales ou autres, qu'il conviendrait d'adopter; elle remettra son rapport à la Chambre Syndicale, qui fera ensuite les démarches nécessaires.

LISTE DES MEMBRES DE LA COMMISSION

MM. les Membres du Conseil judiciaire de la Chambre syndicale.

Me TAILLEFER, MM. GENDRAUD, PROVOST, ACH. ALLÉVY, BALLIVET.

Des expositions ayant un caractère frauduleux et des récompenses qui y sont décernées

PAR Me A. VAUNOIS

Chacun tombe d'accord que la loyauté doit être la règle de l'industrie et de la concurrence commerciale. Malheureusement, le principe n'est pas toujours suivi, et trop de négociants cherchent à s'attirer des clients, en faisant miroiter aux yeux du public de prétendues récompenses décernées dans des expositions et concours.

La loi du 30 avril 1886 réprime le fait de s'attribuer faussement des médailles qu'on n'a pas obtenues, ou d'appliquer celles qu'on a obtenues à des objets autres que ceux pour lesquels elles ont été décernées (par exemple on se pare, pour des œuvres photographiques, d'une récompense délivrée dans une exposition florale ou culinaire). Toutes les fois que des usurpations de ce genre seront signalées, elles pourront être atteintes par des poursuites correctionnelles.

Mais d'autres actes, tout aussi répréhensibles ne sont pas encore visés par un texte spécial. On apprend parfois l'existence d'une exhibition organisée à titre privé, par un entrepreneur peu scrupuleux, dans un local quelconque, sans contrôle ni garantie, et décorée d'une étiquette pompeuse, soigneusement imaginée pour créer dans l'esprit public une confusion savante. Ainsi on l'intitule *exposition internationale*, au cours même de l'année où le gouvernement organise une exposition universelle. On y recrute des adhérents suspects ; puis, à prix d'argent, et après que personne n'a vu cette prétendue exhibition à laquelle les participants n'ont parfois même osé confier aucune marchandise, on publie un palmarès solennel qui décerne quantité de médailles d'or, de grands prix ou de titres de *hors concours* (justement parce qu'on n'y a pas concouru).

Il y a là une véritable entreprise d'escroquerie, les organisateurs pourront dans certains cas être condamnés pénalement ; ce sera la seule façon utile d'empêcher le renouvellement de semblables scandales.

Quant aux adhérents, des projets de loi vont être soumis au Parlement pour les faire atteindre à leur tour.

Aussi bien, chaque hypothèse exige un examen particulier des circonstances. Quand une action pénale ne pourra être introduite, la loi civile qui réprime la concurrence déloyale serait du moins presque toujours utilement invoquée. Les condamnations civiles pour dommages-intérêts arrêteront, espérons-le, ou du moins diminueront les manœuvres effrénées d'une concurrence sans pudeur.

Rapport de M. Gerschel
sur la création d'un salon annuel de Photographie

La photographie artistique est arrivée aujourd'hui à un tel point de perfectionnement qu'il convient de la séparer, dans les expositions, de toutes les autres branches de la Photographie.

L'Exposition universelle de 1900, en effet, a montré les inconvénients qui résident dans la réunion, en une seule et même classe, de productions si différentes, telles que : épreuves photomécaniques, portraits, photographies industrielles, appareils, produits.

Il est difficile d'admettre qu'un jury parfaitement compétent pour juger des objectifs ou des papiers sensibles puisse en même temps apprécier, comme il convient, des portraits exposés par des professionnels chez qui la question purement photographique est très secondaire et qui cherchent avant tout à produire une œuvre artistique.

Aussi les photographes artistes se décourageront-ils de plus en plus des expositions, si l'on ne se hâte de créer pour eux des expositions spéciales, comme cela se fait à l'étranger.

Nous demandons la création d'un salon annuel de Photographie professionnelle et la création d'une commission spéciale choisie parmi les membres de la Chambre syndicale de la Photographie, qui sera chargée d'en élaborer les statuts et de préparer le premier salon de la Photographie professionnelle pour l'année 1901. Un des articles de ces statuts devra notamment préconiser la formation d'un jury d'admission comme chez les artistes peintres et sculpteurs.

Le jury serait mixte, c'est-à-dire composé par moitié de photographes et par moitié d'artistes peintres ou sculpteurs graveurs ou critiques d'art.

Il n'y aurait pas de médailles, l'admission d'une œuvre au salon constituant déjà pour son auteur une récompense suffisante.

Suppression
des portraits gratuits et des agrandissements primes

M. Ladrey, dans la note qu'il a présentée, a fait ressortir le préjudice considérable et irrémédiable que se font eux-mêmes les professionnels qui livrent, en même temps que leurs épreuves, des agrandissements primes. L'industrie des agrandissements était un des revenus les plus profitables pour les photographes, avant que cet usage déplorable se fût introduit dans la corporation, puisque le client n'hésitait pas à payer un prix convenable pour des épreuves, très généralement commandées d'après des originaux de petites dimensions, de personnes dont on désirait conserver les traits à la suite de leur décès, et c'est ainsi qu'en livrant, tout de suite, à vil prix, de grandes images qui empêchent toute commande subséquente, les photographes qui se livrent à ce genre d'opération, se privent d'affaires importantes et, pour rappeler un vieux proverbe, tuent la poule dans l'œuf.

Rapport de M. Reutlinger

Je suis partisan de la suppression des portraits gratuits et des agrandissements primes.

J'entends par agrandissement prime, les agrandissements que certains photographes donnent gratuitement et en plus de la douzaine de photographies que le client commande. Cette façon de procéder déprécie notre métier en faisant croire à la clientèle que les agrandissements ont peu ou pas de valeur.

Pour les portraits gratuits, je trouve le tort bien plus important ; car, dans la plupart des cas, ce portrait gratuit est destiné à servir de carte d'identité pour exposition, téléphone, membre d'une association, etc. Il est donc *absolument indispensable* au client. Le photographe qui fait ces portraits porte tort à ses collègues et à lui-même.

Les portraits gratuits qui sont faits pour les actrices et célébrités ne peuvent être compris dans la question ; dans ce cas spécial, il se produit entre le photographe et la personne qui pose un contrat tacite, le photographe tirant parti, *sous toutes les formes*, des portraits.

Il y a même à l'étranger des photographes qui paient des actrices pour venir poser. Par contre, ces mêmes photographes ne font *jamais* des portraits *gratuits* aux particuliers.

REUTLINGER.

Rapport de M. Gerschel
sur l'abaissement des prix des photographies et les moyens d'y remédier

Tous mes confrères ont sans doute été frappés, ainsi que moi-même, de la situation difficile qui nous est faite vis-à-vis de certains clients, qui ont en leur possession des photographies faites dans des maisons nouvellement établies, et qui font pour 15 ou 18 francs, ce que nous avions l'habitude de faire payer 50 ou 60 francs.

Il est évident que nous, professionnels, qui payons souvent des loyers énormes et avons des frais généraux considérables, ne pouvons lutter à coup de tarifs avec ces manufactures de portraits.

Je proposerai donc le moyen suivant. Donnons à nos épreuves le caractère le plus artistique possible. Éditons avec soin la carte dégradée sur fond blanc et tirons nos épreuves sur platine à gros grain, au charbon ou à la gomme bichromatée.

Nous sommes la majorité, et peu à peu la clientèle s'apercevra de la supériorité de nos photographies et ne voudra plus, à aucun prix, des épreuves tirées mécaniquement sur gélatino-bromure, aussi bon marché qu'elles soient.

La photographie au charbon surtout, avec ses teintes si diverses, est d'une grande ressource, et les confrères qui s'adonneront sérieusement à ce procédé, verront bientôt leurs efforts récompensés par une augmentation notable de leur chiffre d'affaires.

Rapport de M. Gabriel Berthaud
sur la création d'une Société coopérative de consommation

La multiplicité des maisons de photographie, le nombre toujours croissant des amateurs et des associations qu'ils ont fondées, rendent de plus en plus précaire la situation des photographes professionnels.

Ils ont non seulement à lutter contre la concurrence qu'ils se font entre eux, mais contre celle autrement redoutable des amateurs associés, qui ont créé de véritables établissements de photographes à l'usage de leurs familles et de leurs amis.

La majeure partie de ces associations n'ont pas pour but les progrès de cet art, mais simplement d'acheter leurs produits et appareils en commun, à meilleur marché, de faire exécuter leurs travaux, agrandissements, tirages, etc..., par des façonniers à bon compte.

La question se pose donc de savoir si les photographes n'auraient pas à suivre leur exemple. L'entente pour l'unification des prix est une utopie qui, à mon avis, doit être écartée, qui n'a jamais donné de résultats dans les industries qui ont voulu en faire l'expérience ; ce sont les honnêtes qui en ont été les dupes.

La diminution des frais généraux est le premier point à envisager dans toute affaire, et le premier bénéfice que l'on réalise doit être dans l'achat des matières premières, produits, appareils, etc. C'est par l'association que l'on obtient ce résultat, par la formation d'un syndicat.

En province, les syndicats de consommation ont donné des résultats indiscutables, aussi ils se sont multipliés, et les adhérents, soit à la ville, soit à la campagne, y trouvant des avantages sérieux, sont légion aujourd'hui.

Offrant aux fabricants une absolue garantie des commandes plus importantes que celles de bon nombre de marchands, nous aurions certainement des prix avantageux, dont bénéficieraient les adhérents ; l'on pourrait avec un laboratoire vérifier les produits. Par la suite, on pourrait créer un atelier de reproductions, d'agrandissements, de retouches, où s'exécuteraient des travaux que bien des professionnels ne peuvent faire chez eux, avoir des appareils perfectionnés, un personnel d'élite, et les bénéfices seraient répartis entre les membres au prorata de leurs commandes.

Cet atelier pourrait peut-être être le point de départ d'une école de retouches, désirée depuis si longtemps par notre industrie

A mon avis, la formation d'un syndicat de ce genre ne demande que la bonne volonté d'un certain nombre de photographes apportant un petit capital. Un employé sérieux centralisant les demandes, s'occupant de la recherche des meilleurs prix chez les fabricants, est suffisant. Puis la surveillance donnée à deux ou trois membres nommés par l'Association. C'est ce qui pourrait nous procurer des avantages sérieux. C'est en congrès que pourrait se discuter ce projet et en jeter les premières bases, si toutefois l'Assemblée juge que cette question présente un intérêt.

Rapport de M. Gabriel Berthaud
sur l'unification des primes d'assurances

Le risque inhérent à la profession de photographe s'est depuis une quinzaine d'années considérablement modifié.

L'emploi de matières inflammables, qui justifiait autrefois, en assurance contre l'incendie, l'application de primes élevées, a disparu presque complètement.

Le collodion, dont on faisait autrefois usage, n'est employé aujourd'hui qu'exceptionnellement.

Les Compagnies d'assurances, qui le savent, en sont cependant restées à l'ancien tarif, et il en sera de même tant que les photographes n'auront pas fait valoir leurs droits à une plus judicieuse appréciation du risque de leur industrie.

Pour faire valoir ces droits, il faut une action commune s'exerçant auprès des Compagnies, avec l'appui et le concours de certains éléments.

L'action commune devra s'exercer sous le couvert de la Chambre syndicale, qui réunit un grand nombre d'adhérents, ayant tous à sauvegarder les mêmes intérêts.

Il est inutile de vouloir démontrer combien inutile est l'action individuelle de chacun de nous.

C'est par le groupement, qui fait la force, que nous devons agir.

C'est aussi en demandant le concours de certaines personnes compétentes et autorisées et qui peuvent avoir l'oreille des Compagnies.

Le Cercle de la Librairie et toutes les Chambres syndicales y adhérentes se préoccupent depuis fort longtemps de la même question, qui est à l'ordre du jour de leur Congrès.

Il y eut un projet d'assurances genre de « Mutuelle », les statuts en furent même élaborés ; mais l'on vient d'y renoncer, cela offre des inconvénients ; il fallait une administration choisie parmi les industriels, mais chacun ayant ses affaires personnelles, ceux les plus aptes à ces fonctions en déclinèrent la responsabilité. L'on vient donc d'adopter une nouvelle combinaison :

Un agent très au courant de toutes ces questions, ayant toute la confiance du Groupe de l'Industrie du Livre, a traité avec des Compagnies de premier ordre. En un mot, il serait l'intermédiaire entre chaque groupement et les Compagnies. Il serait le représentant autorisé pour défendre les intérêts d'une corporation. Il centraliserait les opérations, l'action commune s'exerçant par son intermédiaire, l'on obtiendrait une réduction de primes, une répartition plus équitable des différentes primes et des conditions de contrat avantageuses.

Par la valeur toujours croissante des actions des Compagnies d'assurances, l'on peut constater que leurs conditions de primes sont trop élevées.

Prenant le Compte rendu de l'une d'elles sur les affaires de l'année 1899, l'on voit :

Frais de direction	69.250	»
Frais des administrateurs.	21,470	»
Gratifications au personnel	25,000	»
Commissions payées aux agents	1,418,702	»
Frais généraux	690,415	»

et cela sur un chiffre d'assurances se montant à 7,500,000 francs.

Par ces chiffres l'on peut se rendre compte des bénéfices prélevés sur les assurés.

Par le groupement, l'on peut bénéficier et obtenir des avantages très sérieux.

Le Bureau de la Chambre syndicale pourrait, je crois, se mettre en rapport avec le Cercle de la Librairie et s'associer à son entreprise, afin de procurer à chacun de ses membres tous les avantages possibles de cette combinaison.

Enfin, il est une autre préoccupation qui doit intéresser également notre Chambre syndicale :

C'est celle de l'Assurance contre les accidents.

Le Ministre du Commerce, dans une circulaire toute récente adressée aux Préfets, signale toutes les entreprises soumises à la loi du 9 avril 1898 contre les accidents.

Il est dit dans cette circulaire que les entreprises créées dans le but de réaliser un gain tombent sous l'application de cette loi.

Les photographes seraient par conséquent visés.

Cette prétention du Ministre du Commerce n'est peut-être pas bien justifiée, si l'on interprète exactement la loi.

On n'ignore pas que le supplément de patente de 0,04 centimes additionnels a déjà été perçu chez presque tous les *commerçants,* comme chez tous les industriels occupant un personnel ouvrier

C'est là un indice montrant la tendance du gouvernement et qui peut ouvrir la voie à l'interprétation des Tribunaux.

Il est sage, par conséquent, de s'assurer, de s'assurer bien entendu à des conditions raisonnables qui seront en harmonie avec le risque de l'industrie des photographes.

Or ce risque est complexe, si l'on envisage que certains peuvent employer la force motrice alors que d'autres ne le peuvent pas.

C'est pourquoi l'application de deux primes est de rigueur.

Il faut s'attacher à une prime basse, mais il faut aussi tenir compte des conditions de police.

On peut faire de celles-ci à tous prix, mais nous devons avoir le souci d'être parfaitement garantis après avoir payé.

Il faut par conséquent une Compagnie de tout repos.

Là encore, si nous étions un certain groupe, l'on obtiendrait des avantages dont chacun profiterait.

Le même agent aurait en mains et l'Incendie et les Accidents.

DEUXIÈME SÉANCE PLÉNIÈRE DU SOIR

2 Juin 1900

PLAQUES PHOTHOGRAPHIQUES « AS DE TRÈFLE »

PRÉSENTATION ET RAPPORT DE M. GRIESHABER

M. Grieshaber présente des plaques de sa fabrication, connues sous la marque « As de Trèfle ». Il explique que la préparation de ces plaques a été perfectionnée petit à petit et que, tout en conservant la pureté qui les a toujours rendues propres à la plupart des travaux photographiques, elles ont acquis aujourd'hui une très grande rapidité qui les fait rechercher par les professionnels. En plus de leur extrême rapidité, les plaques « As de Trèfle » possèdent d'autres avantages, très particuliers, qui répondent aux desiderata des photographes : l'apparition rapide de l'image, l'obtention facile et à volonté, suivant le développement employé, de clichés doux ou à oppositions, la possibilité, dans le cas de sous-exposition, de pousser le développement aussi longtemps qu'il est nécessaire. Enfin, en cas de surexposition, l'action des retardateurs (bromures, etc.) est vraiment efficace et l'empâtement facilement évité.

M. Grieshaber présente aussi des plaques orthochromatiques très sensibles au jaune et au vert et qui sont d'un grand secours, particulièrement dans la reproduction des tableaux. Il dit un mot des nouvelles plaques anti-halo qu'il vient de créer et fait ressortir leurs avantages, dans tous les cas où une partie du sujet est plus fortement éclairée que les autres. M. Grieshaber présente en même temps des clichés 30×40 et 40×50 obtenus par M. Ballivet, l'habile opérateur dont l'éloge n'est plus à faire, obtenus avec des plaques ordinaires, orthochromatiques et anti-halo. Ces clichés, faits à la lumière artificielle, sont admirés par les membres du Congrès ; ils prouvent l'habileté de leur auteur et la supériorité des plaques présentées.

NOUVELLE PLAQUE L'« INTENSIVE »
A L'ESÉRINE, ÉMÉTIQUE, MORPHINE, ETC., DE M. P. MERCIER PRÉPARÉE PAR LA SOCIÉTÉ JOUGLA

Présentation de l'Inventeur

En 1898, j'ai montré à différentes Sociétés photographiques, et M. Lippman a bien voulu présenter à l'Académie des Sciences, les modifications intéressantes qu'éprouve la couche de gélatino-bromure d'argent des plaques photographiques, lorsqu'on lui fait absorber, de préférence avant l'exposition, des solutions de diverses substances, telles que l'Esérine, l'Emétique, la Morphine, l'Amidol oxydé, etc.

Ces produits, agissant les uns comme accélérateurs, les autres comme retardateurs, donnent à l'image la propriété de monter énormément, quel que soit le temps de pose, notamment avec certains révélateurs comme l'Hydroquinone, la Pyrocatéchine, etc.

Certains de ces produits, tels que la Morphine ou la Codéine, font monter l'image même en cas de manque de pose ; d'autres, comme l'Amidol oxydé à l'air, agissent surtout en cas de surexposition.

C'est en combinant ces divers produits et en les ajoutant à l'émulsion avant de l'étendre sur son support que je suis arrivé, avec la collaboration éclairée de M. Jougla, à préparer la nouvelle plaque dite l'*Intensive*, que j'ai l'honneur de vous présenter.

Cette nouvelle émulsion se distingue nettement de celles connues jusqu'à ce jour par divers caractères qui se résument en ceci : une plus grande facilité à sauver les clichés qui n'ont pas la pose exacte.

En effet, l'Intensive, d'une très grande pureté, extrèmement sensible et permettant les plus rapides instantanés, se développe un peu moins vite que les autres dans les révélateurs violents, tels que l'Amidol ou le bain d'Hydroquinone et Métol : il est donc plus facile de surveiller la venue de l'image ; l'opérateur peut la conduire à sa guise et arriver à en tirer des effets remarquables. Les noirs sont moins durs et les blancs plus transparents.

Le Fer, l'acide Pyrogallique conservent avec l'Intensive leurs caractères spéciaux et donnent d'excellents résultats.

Le révélateur à l'acide Pyrogallique, dans lequel l'Intensive prend d'abord une couleur orangée qui disparaît ensuite au fixage, permet des surexpositions plus grandes que les autres plaques, en raison de ce fait spécial que l'on peut alors bromurer fortement le bain.

C'est en effet, contrairement à ce qui arrive avec les autres plaques, une des grandes particularités de l'Intensive d'être très peu retardée par l'addition d'un excès de bromure, surtout en cas de surexposition très marquée et surtout avec les bains ordinairement très lents, tels que ceux à l'Hydroquinone, Pyrocatéchine, Glycine, etc., préparés avec les sels alcalins : carbonates, phosphates, etc.

Le développement, si lent dans ce cas avec les plaques usuelles, conserve avec l'Intensive sa rapidité normale, et l'image, au lieu de rester plate et grise, monte considérablement en conservant de bonnes oppositions. Le meilleur révélateur recommandé, lorsque l'on n'est pas certain d'avoir la pose juste, est celui à l'Hydroquinone usuel (10 gram. hydroquinone, 60 gram. de carbonate et autant de sulfite pour 1 litre, ou toute autre formule analogue), avec 1 gram. de bromure par litre.

Les clichés ayant depuis la pose exacte jusqu'à 8 ou 10 fois trop de pose, viennent également bien et rapidement dans ce bain, qui est ordinairement si paresseux avec les plaques ordinaires.

Lorsque la pose a été beaucoup plus longue, atteignant même 30 fois la pose normale, on ajoute au bain ci-dessus 5 gram. de bromure par litre, et le cliché vient encore rapidement, d'autant plus doux que l'on a posé davantage et dans tous les cas utilisable.

Grâce à sa pureté à sa montée remarquable et aux belles oppositions qu'elle peut donner, l'Intensive permet aussi de réussir aisément un genre de clichés généralement assez difficiles ; je veux parler des clichés, portraits ou paysages, faits par temps sombre. Ces clichés ordinairement ternes et gris, viennent très bien avec l'Intensive.

Enfin j'ajouterai que la nouvelle plaque, par sa montée surprenante dans les bains lents bromurés, se prête parfaitement à l'obtention de diapositifs purs et vigoureux : il suffit d'exposer de 5 à 10 secondes par contact au châssis-presse sous un négatif, selon l'intensité de celui-ci, à 0,50 cent. d'une bougie, et de développer avec le bain d'hydroquinone contenant 5 gram. de bromure par litre. Le grain du gélatino-bromure est toujours plus gros que celui des plaques au chlorure, mais on obtient à la fois et rapidement l'intensité, les oppositions et la pureté voulues.

PRIMES REDRESSEURS A RÉFLEXION TOTALE

ANGLE 90°, HYPOTHÉNUSE ARGENTÉE, MONTURES MÉTALLIQUES

Présentation de M. H. Duplouich, opticien-constructeur

Ces prismes peuvent s'adapter sur tous les objectifs servant aux reproductions photographiques pour le retournement de l'image : ils se fixent à la place du parasoleil au moyen d'un pas de vis, au lieu et place de ce dernier.

Employés dans plusieurs procédés d'impressions photomécaniques.

Lorsqu'on veut obtenir une image négative dans laquelle la droite et la gauche sont inverses, on évite ainsi de détacher l'émulsion pour la retourner. La perte de lumière est presque nulle (1/100 environ). Ces prismes sont d'une très grande précision et d'une fabrication spéciale pour ne pas altérer la netteté de l'image. La monture métallique est à vis de réglage afin de permettre le centrage parfait ; quant au prisme, il est mobile dans son embase et placé très près de la lentille frontale, pour permettre de faire tourner l'objectif autour de son axe et de fixer le prisme dans la position voulue.

Communication
de la Cie Française des Papiers Photographiques « Tambour »

PAPIER PROTALBIN

Parmi les substances employées jusqu'à ce jour comme support de l'image photographique sur papier, on ne rencontre guère que l'albumine d'œuf, la gélatine, le collodion, quelques hydrates et enfin les nitroglucoses.

Les trois premières seules ont acquis dans la pratique un emploi courant, mais, bien qu'elles présentent des qualités incontestables, il est certain qu'on peut leur adresser quelques reproches en tant que supports pour matières d'argent, destinées à fournir une impression photographique.

1° L'albumine, par sa nature et sa tendance à se précipiter, est impropre à toute émulsion ; en outre elle ne peut pratiquement s'étendre sur papier baryté, ce qui lui constitue une infériorité vis-à-vis de la gélatine et du collodion. Par contre, ses avantages résident dans la grande richesse des tons, le modelé de l'image et la grande résistance de la couche.

2° La gélatine, si employée aujourd'hui, présente le grave inconvénient d'être soluble dans l'eau tiède, ce qui en rend l'usage peu commode par les chaleurs ou dans les pays chauds. Quant à l'emploi des durcissants, tels que l'alun, le formol, etc., on sait qu'ils présentent de graves inconvénients, tant au point de vue de la conservation que de la beauté de l'image.

— 64 —

3° Reste le collodion. Ce support dépasse tous les autres par ses qualités d'élasticité et de régularité dans les opérations ; mais il a deux défauts qui consistent dans la grande délicatesse de la couche et dans le peu de stabilité qu'il procure aux photocopies.

Ces considérations ont fait rechercher une matière qui puisse grouper les avantages de ces trois corps, sans toutefois en présenter les inconvénients.

Le Dr Lillienfield, en étudiant les corps albumineux des végétaux, a trouvé parmi les groupes des corps albumineux, de la farine de blé, des substances qui présentent toutes les qualités de l'intermédiaire idéal des matières sensibles à la lumière. Parmi ces nombreux corps albumineux, le Dr Lillienfield a formé une sélection et obtenu un précipité d'un corps albumineux alcoolique, auquel il a donné le nom de *Protalbine*. Ce nouveau corps présente les propriétés suivantes : à l'état frais et humide, il a l'aspect de la soie. Dans l'alcool à 80 à 90°, il se dissout à la température ordinaire. Insoluble dans l'eau froide, il donne dans l'eau chaude une solution visqueuse et laiteuse qui se conserve. La solution alcoolique de Protalbine, si on la coule sur une surface unie en couche mince, s'évapore et donne une pellicule mince, transparente et brillante. La Protalbine ne donne pas de précipité avec les solutions de sels d'argent, et cette propriété, jointe aux précédentes, la rend éminemment utilisable en Photographie.

Si on considère les propriétés du papier à la Protalbine, on constate, en première ligne, la résistance extraordinaire de la couche. Ni dans l'eau chaude, ni par frottement des doigts ou d'un corps dur, la couche renfermant l'image ne subit aucun changement.

L'image possède un aspect très brillant, les ombres et les noirs sont détaillés et vigoureux, tandis que les lumières sont d'une grande clarté.

Le virage se fait régulièrement et rapidement ; on se sert de sulfocyanure d'ammonium et d'or au titre normal, sans autre addition.

La conservation du papier n'est inférieure à aucun autre papier à émulsion ; il peut rester des mois sans subir aucune altération.

La sensibilité à la lumière atteint celle des papiers à la celloïdine, qui sont les plus rapides des papiers au chlorure d'argent.

Un avantage très important du papier Protalbin consiste dans la conservation de l'épreuve terminée. Des expériences faites ont démontré qu'une exposition de plusieurs mois, soit en plein soleil à l'époque de sa force, soit dans un milieu humide, n'avait apporté aucune modification du côté de l'image, tandis que l'envers du papier présentait déjà une décomposition. Une épreuve placée au soleil pendant quatorze mois présente le même aspect qu'à l'origine.

A l'appui de cette communication, des épreuves sur papier Protalbin sont présentées aux membres du Congrès.

JUMELLE STÉRÉO-PANORAMIQUE DE M. MACKENSTEIN

Présentation de M. Édouard Belin

Mémoire déposé par M. Mackenstein

A la suite des nombreux perfectionnements que nous avons fait subir à notre Jumelle Stéréoscopique 8×9, nous sommes parvenus à établir un appareil tout spécial auquel nous avons donné le nom de *Jumelle stéréo-panoramique* et dont la caractéristique est d'utiliser d'une façon plus rationnelle et plus complète les qualités des objectifs employés. Pour obtenir des vues stéréoscopiques absolument nettes, il faut en effet recourir à des lentilles largement suffisantes pour donner, même à toute ouverture, la dimension d'image que l'on a en vue ; mais il est bien évident qu'on se prive par là même des ressources que pourraient offrir ces mêmes lentilles si on voulait, en diaphragmant, en utiliser tout le champ pour couvrir une plaque de dimensions supérieures.

D'un autre côté, la prise des vues, correcte tant qu'on n'incline pas l'appareil, devient défectueuse dès que celui-ci n'est plus horizontal. Cet effet, sans inconvénient pour le paysage devient choquant quand il s'agit de photographier des constructions ; c'est ainsi que l'on a des monuments dont les lignes manquent d'aplomb, des vues dont le haut paraît plus étroit que la base, etc. Pour rétablir l'ordre dans ces lignes chaotiques, il a fallu cependant peu de chose ; un simple mouvement de décentrage des objectifs a suffi, et dès lors on peut facilement et correctement inscrire les sujets un peu élevés dans le viseur de la Jumelle. Ce mouvement de décentrage, soit en haut, soit en bas, étant obtenu, nous avons pensé qu'il pouvait être également sinon plus utile en largeur, et c'est ce qui nous a amené à créer un instrument dans lequel la place des objectifs n'est plus invariable, bien que l'écartement reste le même.

Il restait cependant un progrès à réaliser, c'était de pouvoir prendre des vues simples de dimensions supérieures au format stéréoscopique car pour opérer sur des plaques 8×9 isolément, il suffit de condamner alternativement l'un et l'autre des objectifs. Le décentrage en travers plus haut indiqué, nous donne au contraire une solution cherchée ; en effet, au lieu de nous contenter d'un déplacement latéral égal au déplacement en hauteur, nous avons rendu la planchette d'objectif complètement indépendante. De cette façon, il devient possible d'amener l'un des objectifs au centre même de l'appareil ; il travaille alors comme grand angulaire et, en diaphragmant convenablement, on arrive par cet artifice à couvrir une surface beaucoup plus grande, presque le double. Dans ce cas, la séparation mobile est retirée et les deux plaques stéréoscopiques 8 × 9 sont remplacées par une plaque unique 8 × 18, en se servant des mêmes porte-plaques et du même magasin.

Mais il suffit de jeter les yeux sur les vues qui accompagnent cette Notice pour se rendre compte de tous les avantages du nouvel appareil. La *Jumelle stéréo-panoramique* est donc bien un instrument universel, et l'opérateur peut, à son gré, faire des vues simples pour la projection ou des vues panoramiques avec la plus grande facilité. Cet instrument

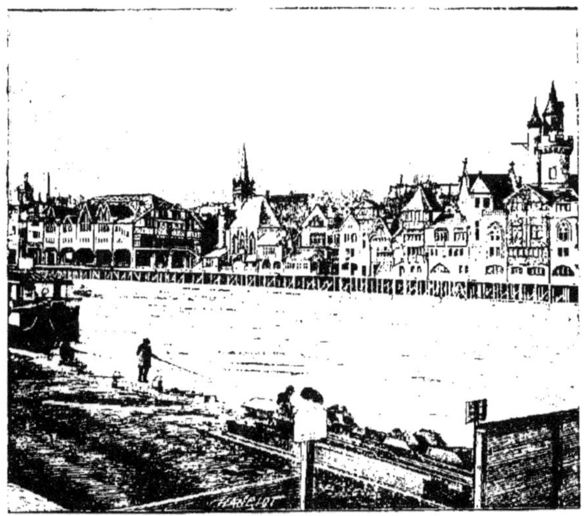

Vue prise avec la Jumelle stéréo-panoramique Mackenstein,
disposée à la manière ordinaire (épreuve 8×9)

contient donc trois appareils différents en un seul. Le portrait lui-même est possible ; il est même beaucoup plus artistique, grâce au format oblong qui rappelle la *Carte promenade*. Disons d'ailleurs que plusieurs journaux, sans parler des Revues photographiques, ont apprécié comme il convenait les perfectionnements de la *Jumelle stéréo-panoramique* ; la *Nature* (1), l'*Illustration*, notamment (2), en ont donné la description exacte.

(1) Dans son numéro du 8 avril 1899.
(2) Dans son numéro du 26 août 1899.

I. — Chargement du magasin.

Poser le magasin à plat sur la table du laboratoire, ou bien le tenir à la main dans cette position, et manœuvrer le rideau pour découvrir le bloc des porte-plaques ; ouvrir le tiroir en le tirant par la poignée et faire coulisser la barrette B, en dégageant les deux verrous A, placés de chaque côté (l'un de ces verrous est à simple frottement, l'autre est muni d'un ressort). Dans cette position, le bloc de plaques n'étant plus maintenu, il est facile de sortir les étuis du magasin.

Avant de charger le magasin, il faut classer les étuis par ordre numérique de 1 à 12, puis on engage chaque plaque sensible dans son étui et on la place, gélatine en dessus, dans le magasin, en ayant soin que la partie ouverte du porte-plaque, c'est-à-dire le côté par où on a glissé la plaque, se trouve tournée vers la poignée.

Lorsque tous les étuis sont ainsi placés les uns sur les

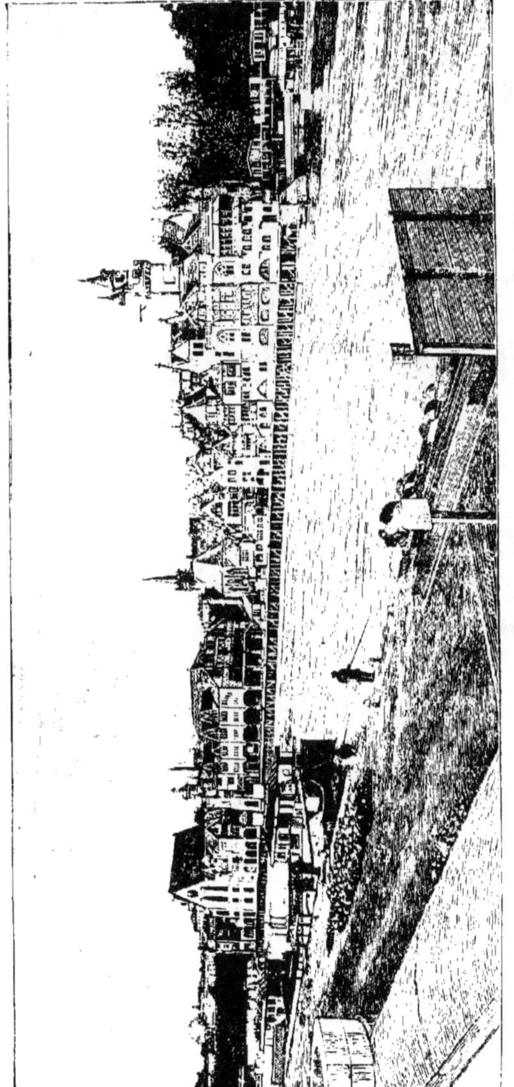

Même vue prise en largeur sur la Jumelle stéréo-panoramique Mackenstein, à objectif décentré (sur plaque 8×18)

autres, le numéro 1 en dessus, on engage le bloc dans la feuillure au moyen d'une légère pression sur l'extrémité, et, tout en le maintenant ainsi, on repousse le tiroir bien à fond. Après s'être assuré que les verrous A maintiennent bien la barrette B, on ferme le rideau et il n'y a plus qu'à adapter le magasin à la Jumelle.

N. B. — Ces magasins formant individuellement un tout absolument étanche et indépendant de l'appareil lui-même ; on peut en avoir

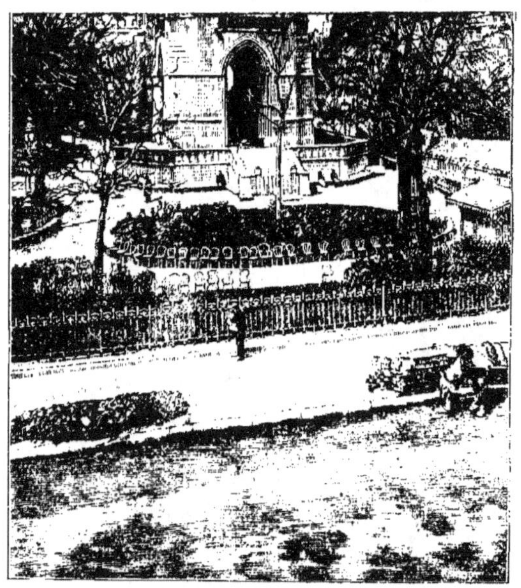

Vue prise avec la jumelle stéréo-panoramique Mackenstein
disposée à la manière ordinaire (épreuve 8×9) (*Négatifs de M. Courleux*)

plusieurs de rechange et parer ainsi à tout l'imprévu d'une excursion de longue durée, le changement des magasins pouvant se faire en pleine lumière.

Perfectionnement breveté en France et à l'étranger.

II. — MISE EN PLAQUE.

L'instrument est muni de deux viseurs : l'un est destiné à suivre par réflexion, l'appareil étant appliqué contre la poitrine, ou bien lorsque l'opérateur tourne le dos ou le côté au sujet qu'il désire photographier. Il en est de même quand l'opérateur veut suivre son sujet par-dessus la foule, cas très fréquent lors des événements d'actualité. Le viseur de forme rectangulaire est placé pour le transport dans un coin de la gaine ; pour s'en servir, on n'a qu'à le placer sur l'appareil au moyen de la coulisse qui est fixée sur la bande métallique dans laquelle glisse le magasin. Le second viseur permet de suivre le sujet en tenant la jumelle à hauteur des yeux, ce qui est beaucoup plus rationnel au point de vue de la perspective.

Le viseur clair est formé d'une lentille rectangulaire et d'un point de mire qui se rabattent tous les deux dans l'épaisseur de la jumelle pour le transport.

Pour viser exactement on n'a qu'à faire coïncider le point de mire avec le centre de la croix gravée sur la lentille.

Enfin, bien que la jumelle photographique soit plus généralement employée à la main, pour mieux suivre les mouvements du sujet à prendre, on peut la mettre sur son pied et s'en servir comme d'un appareil ordinaire ; elle est munie à cet

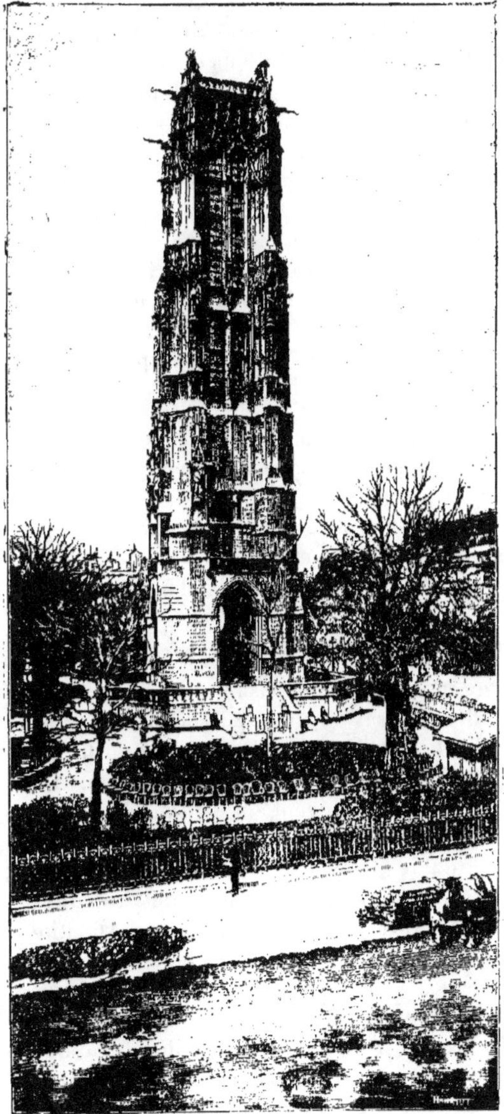

Même vue prise en hauteur avec la Jumelle stéréo-panoramique Mackenstein, objectif décentré (sur plaque 8×18)

effet de deux écrous. Pour le travail sur pied, on utilise alors la glace dépolie, et on se rend compte d'une façon précise de la dimension de l'image.

III. — Mise au point.

Les jumelles sont réglées automatiquement pour donner des images nettes à partir d'une distance donnée (7 à 8 mètres environ) ; mais, si pour une raison quelconque on a à opérer à une distance moindre, une disposition très pratique permet d'avancer la partie supportant l'objectif en se servant de la crémaillère au moyen du bouton qui se trouve placé sur le côté de l'appareil. La partie mobile est pourvue à cet effet d'une échelle sur laquelle un repérage indique le tirage à donner lorsque le sujet est placé de 1 à 8 mètres de l'opérateur. Malgré ce repérage, on peut faire la mise au point sur la glace dépolie tout comme avec les chambres noires ordinaires, comme nous l'avons dit plus haut. Pour cela, on enlève le magasin de l'appareil et on lui substitue le cadre à glace dépolie livré avec ; bien entendu, il faut s'assurer que le rideau du magasin se trouve fermé avant de l'enlever, tel qu'il est expliqué plus haut.

IV. — Décentrement des objectifs.

Lorsque dans le viseur ou sur la glace dépolie on remarque qu'il y a insuffisance de hauteur pour la prise d'un sujet élevé, on y obvie par le déplacement des objectifs en les faisant glisser en hauteur par le support des objectifs, qui est monté à frottement sur coulisses. Pour l'insuffisance du terrain, au contraire, on descendra les objectifs.

V. — Fonctionnement de l'obturateur.

Pour armer l'obturateur, opération qui ne démasque pas les objectifs, on tourne dans le sens de la flèche (gravée sur la platine de l'obturateur) la clef A, placée entre les deux objectifs, jusqu'à ce que la flèche gravée sur cette clef se trouve en face du mot « Armé ». Le déclenchement a lieu soit à la main, en appuyant sur la tige dépassant sur le côté, soit pneumatiquement en vissant le tube de la poire dans l'ouverture taraudée près de cette tige. La clef servant à armer est reliée à un bouton moleté et gradué B, qui permet le réglage des rapidités de l'obturateur avec une grande variété de vitesses et une stabilité parfaite de ces dernières. En tournant ce bouton de façon que les numéros bas de 1 à 2 se trouvent à côté du point d'arrêt C, on peut faire la pose à temps compté en donnant un premier coup sec sur la poire et en lâchant aussitôt la pression ; l'ouverture de l'objectif a lieu et, la pose jugée suffisante, un second coup sur la poire fermera l'obturateur. Pour l'instantané, plus le bouton B est tourné à gauche, c'est-à-dire les numéros supérieurs de ce bouton en regard du point d'arrêt C, plus la pose est rapide, le maximum de vitesse coïncidant avec le numéro 6, mais cette dernière vitesse ne doit servir que pour les sujets à très grands mouvements, tels que trains en marche, chevaux franchissant des obstacles, etc., en dirigeant la visée à 45 degrés.

VI. — Changement des plaques.

La substitution d'une plaque à une autre, après la pose, est d'une sûreté absolue et d'une simplicité extrême.

Pour cette opération, il convient de tenir la Jumelle dans la position verticale, l'objectif tourné vers le ciel, et de tirer bien à fond le tiroir du magasin au moyen de la poignée. A la suite de ce mouvement on entend tomber la plaque qui vient d'être exposée; on repousse alors le tiroir à fond, ce qui fait du même coup passer la plaque exposée derrière toutes les autres. L'appareil est donc prêt à recevoir une nouvelle impression. L'opération est la même pour toutes les plaques.

VII. — Compteur.

Quand on veut vérifier combien de plaques on a déjà utilisé, on retourne la Jumelle, l'objectif étant tourné vers le sol, et on tire au moyen de la poignée le tiroir du magasin, *mais très doucement et seulement jusqu'à ce qu'on mette à découvert la petite fenêtre ronde* (figure 4); à travers le verre rouge de cette fenêtre, on lit facilement le numéro de la dernière plaque escamotée. On repousse alors le tiroir dans la position primitive.

VIII. — Déchargement.

Le déchargement enfin est aussi simple que possible et il n'y a qu'à répéter, pour l'ouverture du magasin, la manœuvre indiquée plus haut : on peut alors retirer toutes les plaques d'un seul coup ou les prendre une à une. Nous recommandons d'épousseter bien l'intérieur du magasin après chaque déchargement pour retirer les poussières et petits débris de verres qui se détachent quelquefois des plaques sensibles.

XI. — Vues panoramiques.

Cette disposition, sur laquelle nous appelons toute l'attention du lecteur, permet d'utiliser le champ complet de l'un seulement des deux objectifs pour la prise de vues panoramiques, intérieurs, etc., ou pour les sujets de très grande hauteur, comme les monuments, les portraits en pied à très courte distance, etc.

Quand on veut se servir de la Jumelle ainsi modifiée, il faut pousser vers la gauche le support des objectifs A comme l'indique la figure 5, en le dégageant au moyen du petit bouton à ressort qui est placé du côté opposé au bouton de la crémaillère, faire alors coulisser jusqu'à l'arrêt : dans cette position l'un des objectifs se trouvera au centre de la jumelle ; enlever enfin la séparation intérieure II (fig. 6). Boucher l'objectif en non-activité.

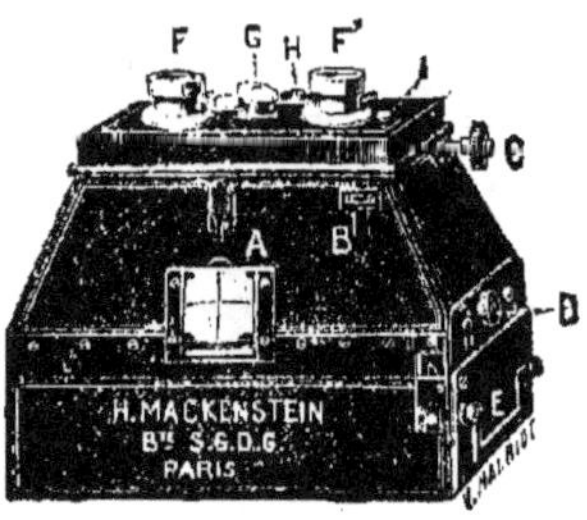

Fig. 5

S'il y a lieu de décentrer comme il est dit au paragraphe IV, on pourra déplacer verticalement l'objectif pour avoir une mise en plaque parfaite du sujet (fig. 5). La position de l'objectif au centre de la jumelle faisant office de grand angulaire et devant couvrir une surface relativement considérable, nous recommandons d'employer les petits diaphragmes et de poser plus ou moins, selon les circonstances.

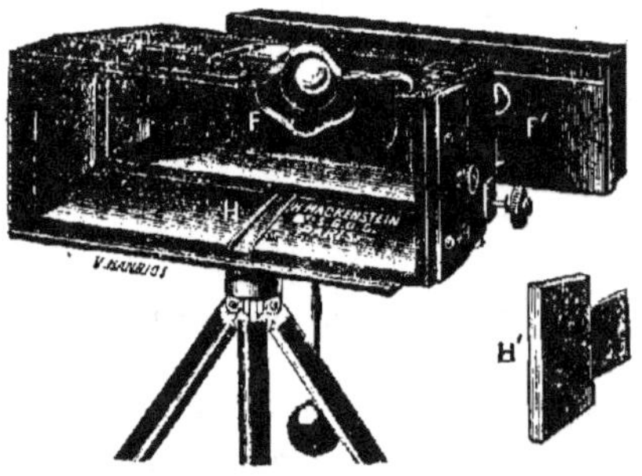

Fig. 6

Répétons d'ailleurs que ces différents décentrages s'appliquent également au cas de la prise des vues simples, c'est-à-dire ni stéréoscopiques ni panoramiques ;

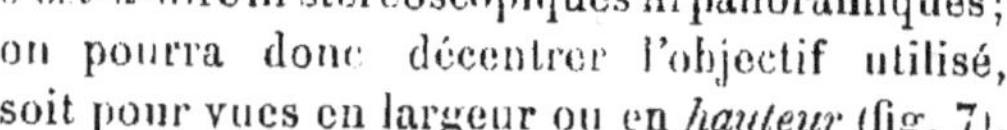

on pourra donc décentrer l'objectif utilisé, soit pour vues en largeur ou en *hauteur* (fig. 7).

Pour la prise des vues simples on bouche alternativement, comme nous l'avons dit également, l'un et l'autre objectif.

Toutefois, nous croyons devoir rappeler aux amateurs l'avis des opticiens, d'après lequel, si l'on veut qu'un bon objectif ne perde pas, avec le temps, notablement de ses qualités, il est nécessaire d'en nettoyer de temps en temps soigneusement les surfaces libres des lentilles (à l'intérieur et à l'extérieur de la monture). Ce nettoyage doit être fait avec précaution, de préférence avec un morceau de linge bien propre et doux. — Pour nos Jumelles, on dévisse la lentille supérieure, on ouvre l'obturateur à pose,

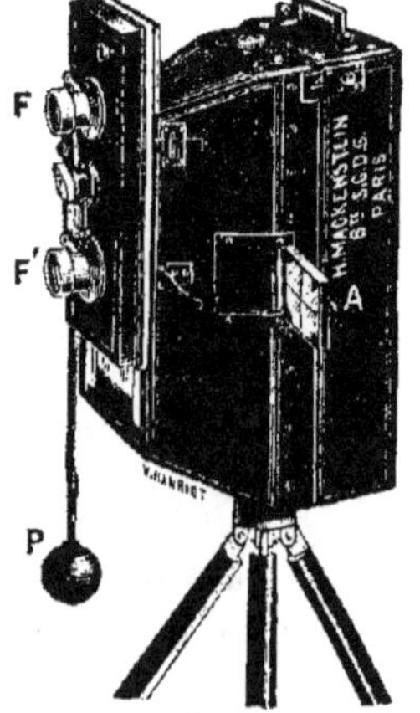

Fig. 7

et on arrive facilement à essuyer les quatre faces des lentilles.

NOUVEAUX RIDEAUX POUR CHASSIS-NÉGATIFS
DE M. MACKENSTEIN.

PRÉSENTATION DE M. ÉDOUARD BELIN.

MESSIEURS,

Je dois encore, au nom de M. Mackenstein, vous présenter un nouveau type de rideaux pour châssis négatifs de campagne ou d'atelier.

Jusqu'ici, les rideaux pliants étaient toujours faits de lamelles de bois collées côte à côte, sur un même support flexible et opaque comme la toile cirée et, bien que ce dispositif réponde à toutes les exigences du travail photographique, il arrive fréquemment que, par un usage prolongé, le support vient à se couper entre deux lamelles. Dans les châssis bien construits, cet accident ne se perçoit pas tout d'abord, mais les

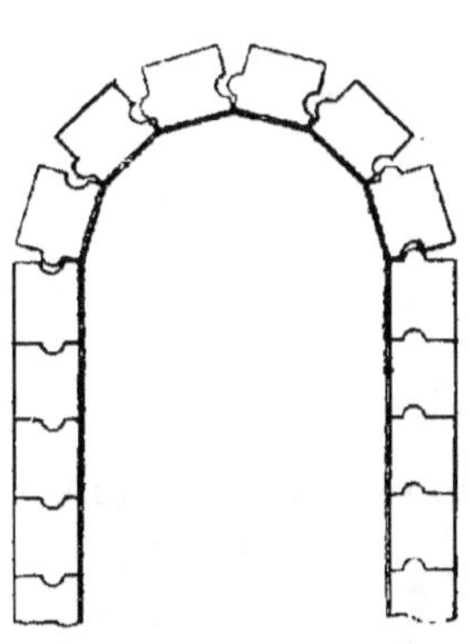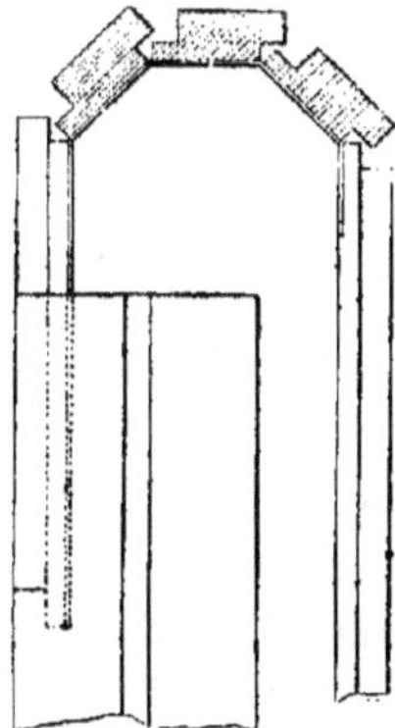

effets n'en sont pas moins désastreux, et chaque place fendue se traduit sur les plaques sensibles par une ou plusieurs raies noires parallèles. Analogue, bien que moins visible, est le résultat de l'emploi d'un support flexible insuffisamment opaque aux rayons solaires. C'est à ce double inconvénient qu'a remédié M. Mackenstein par l'ingénieux dispositif suivant.

Chaque lamelle est munie, dans toute sa longueur, d'une feuillure arrondie où s'emboîte une saillie analogue de la plaquette suivante. De cette façon, les rayons lumineux, pour arriver à la plaque sensible, devraient être plusieurs fois réfléchis et parcourir une ligne courbe, ce qui est impossible. Donc, quand bien même le support flexible qui relient toutes les lamelles serait endommagé, le châssis pourrait, sans crainte de voile, être placé en pleine lumière.

ÉCHELLE-PIED POUR APPAREILS PHOTOGRAPHIQUES
CONSTRUITE PAR M. GILLES.

PRÉSENTATION DE M. CHARLES GRAVIER.

Ayant construit la plupart des pieds roulants que l'on utilise dans les Musées, M. Gilles a fait profiter de son expérience les photographes qui prennent des vues de monuments dans Paris.

Il a adopté le principe de l'échelle à coulisse des peintres en bâtiments et a constitué un pied robuste pouvant s'élever à 3 mètres de hauteur, servant de base solide à une chambre de très grande dimension et pouvant être porté sur le dos par un seul homme.

C'est donc un nouvel outil que cet habile constructeur a mis à la disposition des professionnels.

OBTURATEUR A CONTACT ÉLECTRIQUE DE M. GUERRY.

PRÉSENTATION DE M. EDOUARD BELIN.

MESSIEURS,

Monsieur Guerry, contraint malheureusement de garder la chambre depuis longtemps déjà, m'a prié de le représenter aujourd'hui, et je suis à la fois heureux et flatté de cette mission.

Les obturateurs à simple ou à double volet qui furent autrefois créés par M. Guerry sont trop connus des professionnels comme des amateurs, pour que je vienne aujourd'hui vous en décrire le principe ou le fonctionnement, et si je prends encore une fois la parole, c'est pour vous soumettre une légère modification apportée par l'inventeur à son modèle habituel, dans le but de rendre plus précises les opérations photographiques à la lumière artificielle.

Qu'on opère en effet avec un dispositif stable ou avec un appareil mobile, comme celui que j'ai eu l'honneur de vous présenter hier, il faut toujours, au même moment, enflammer la poudre éclair et ouvrir l'obturateur et si, par malheur, ces deux opérations ne coïncident pas exactement, tout est à refaire. Afin d'assurer précisément cette coïncidence, M. Guerry a cherché à réduire à une seule ces deux opérations en rendant l'inflammation solidaire du mouvement de l'obturateur.

A cet effet, le volet en velours qui masque l'objectif joue le rôle d'interrupteur sur le circuit électrique généralement employé pour l'inflammation du magnésium : une des extrémités du fil est reliée à une lamelle fixée sur la boîte de l'obturateur, tandis que l'autre est reliée, par une borne fixe, à une seconde lamelle identique qui tourne avec le volet et ne vient rencontrer la première qu'au moment précis où l'objectif est pleinement découvert.

C'est donc à ce moment exact que, par fermeture du circuit, se produit l'inflammation de la poudre éclair, et l'opérateur, tout en assurant le succès de son travail, évite une complication et une duplicité de mouvements qui ne peuvent, en général, que détourner son attention du but essentiellement artistique qu'il doit poursuivre.

" PROFESSIONNAL ", MODÈLE UNIVERSEL DE PRÉCISION

Présentation de MM. Demaria.

Voulant mettre à la disposition de notre clientèle un appareil complet, nous avons construit le « Professionnal », permettant, par suite de

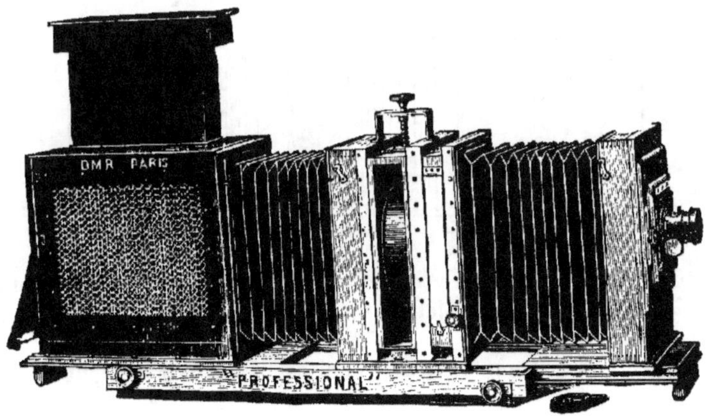

son long tirage spécial, de faire l'agrandissement, la réduction et, en même temps, la projection.

Nous avons voulu aussi qu'il permît, et cela dans la mesure du possible, l'emploi de n'importe quel objectif, tel par exemple celui qui a servi pour la vue que l'on veut agrandir, réduire ou projeter.

Cet appareil, étudié et construit avec le plus grand soin, perfectionné depuis que nous l'avons annoncé avec succès pour la première fois, répond à tous les cas qui peuvent se présenter.

Les « Professionnal » se font en trois formats :

Avec condensateurs de 150ᵐ/ᵐ, 220ᵐ/ᵐ, 305ᵐ/ᵐ.

Pour la totalité d'un cliché 9 × 12, 13 × 18, 18 × 24.

DESCRIPTION

Cet appareil se compose d'une plate-forme à coulisses sur laquelle sont fixés :

1° Un corps central A contenant le condensateur et l'emplacement du porte-cliché.

Ce corps central est mobile, à glissière ou fixe à volonté.

2° Un corps d'avant B portant l'objectif.

Ce corps B est monté sur chariot à crémaillère se mouvant vers l'avant au moyen du bouton E.

3° Un corps d'arrière C portant la tôlerie et le foyer lumineux.

Ce corps C est également monté sur chariot à crémaillère se mouvant vers l'arrière au moyen du bouton H.

Porte sur le côté avec regard en verre coloré pour emploi de la lumière oxhydrique, du gaz incandescent ou similaires.

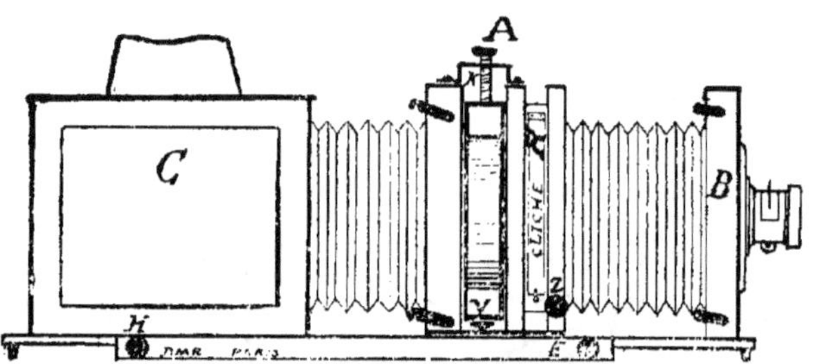

Cette porte démasqué un verre rouge 13 × 16 encadré, qui permet de se servir de la lumière de la lampe intérieure pour développer le papier au gélatino-bromure.

L'appareil peut donc après agrandissement servir de lanterne de laboratoire.

Les corps A et C peuvent n'en faire qu'un au moyen des crochets de jonction et se mouvoir tous deux vers l'arrière au moyen de la crémaillère H, pour éloigner le condensateur et le cliché de l'objectif du corps B, afin d'avoir le tirage le plus grand possible pour projection ou agrandissements peu amplifiés et pour réductions, même avec objectifs de foyers relativement longs.

Le corps B étant complètement tiré en avant, les corps C et A

réunis, entièrement tirés en arrière, on peut avec un objectif de foyer
courant, celui qui a servi à prendre la vue, réduire de trois ou quatre
fois en diamètre, ce qui est le maximum de ce que l'on peut demander,
puisque cela réduirait

$$\text{le } 9\times12 \text{ en } 3\times4 \text{ et même en } 2\times3.$$
$$\text{le } 13\times18 \text{ en } 3\times4 \ 1/2.$$
$$\text{et le } 18\times24 \text{ en } 4 \ 1/2\times6.$$

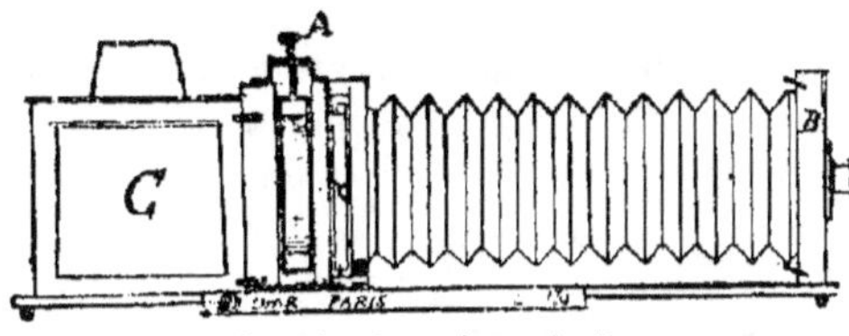
Position de tirage long de l'avant

Le corps A est indépendant ; il peut glisser
tout le long de la plate-
forme et être rendu fixe
à n'importe quelle place
au moyen des vis VV,
afin de permettre le réglage facile des distances respectives du foyer lumineux (corps C)
au condensateur, et de l'objectif (corps B) à ce même condensateur.

Condensateur. — Le condensateur est mobile dans le sens vertical
au moyen de la vis à filets carrés K.

Porte-Clichés. — Le porte-cliché est entièrement logé dans la rainure
horizontale R, laquelle est fermée de chaque côté par une lamelle de
cuivre montée à charnière. Ce porte-cliché peut également se mouvoir
verticalement au moyen de la crémaillère Z.

Porte-Objectif. — La planchette porte-objectif est également mobile
dans le sens vertical et dans le sens horizontal. Au moyen de tous ces
mouvements, le centrage rigoureux du foyer lumineux, du condensateur,
du cliché et de l'objectif, est obtenu de la façon la plus sûre.

La mobilité du corps d'arrière C, par rapport au condensateur, a
permis de diminuer la dimension de ce corps même, qu'il aurait fallu
faire assez long à cause des variations du foyer.

En résumé, cet appareil ainsi conçu permet :

Agrandissement à tous formats.

Réduction aussi forte que possible de tout négatif couvert par le
condensateur.

Projection à quelque distance que ce soit et de dimensions appro-
priées au foyer de l'objectif.

La disposition de l'appareil *Professionnal* permet d'employer tous
les éclairages :

Pétrole, par lampes à mèches multiples ou à bec rond.

Acétylène, par l'*héliophore* ou tout autre générateur.

Gaz incandescent par manchons.

Lumière électrique (incandescence ou arc).

Lumière oxhydrique ou oxyéthérique.

ÉCLAIRAGE INTENSIF PAR L'ACÉTYLÈNE

DES APPAREILS DE PROJECTION ET D'AGRANDISSEMENT AU MOYEN
DE « L'HÉLIOPHORE », GÉNÉRATEUR NOUVEAU BREVETÉ S. G. D. G.

La découverte de production courante et facile du gaz acétylène par le simple contact de l'eau avec le carbure de calcium a fait surgir nombre de procédés des plus pratiques pour la production instantanée de ce gaz.

L'acétylène brûle en effet avec une lumière éclatante, absolument blanche, en ne dénaturant pas les couleurs, sous une pression des plus faibles et tout en conservant la plus grande fixité. La chaleur produite est beaucoup plus faible que celle du gaz d'éclairage (gaz de houille), puisqu'à rendement lumineux égal, le débit de l'acétylène est 15 fois moindre.

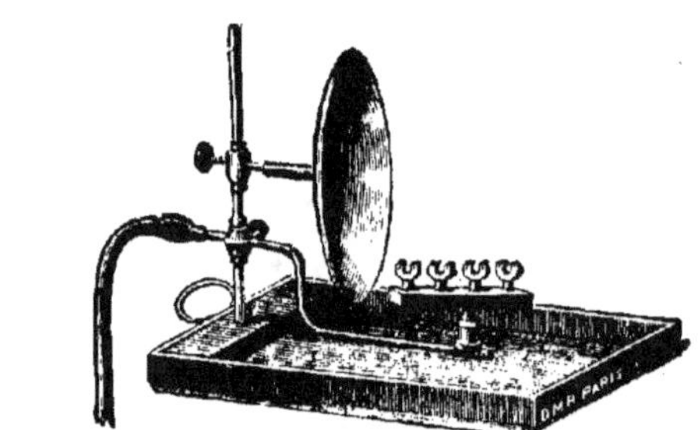

Type de brûleur rationnel à employer pour la projection, composé de 4 becs conjugués de 20 litres. Durée, 1 h. 1/2 avec l'Héliophore.

L'application à la projection et à l'agrandissement s'est aussitôt présentée à l'esprit de tous les constructeurs et amateurs.

Parmi les générateurs existants, l' « Héliophore » est celui qui offre le plus de commodité, dont l'emploi est le plus courant, le plus facile et qui en même temps donne la plus parfaite sécurité.

Ce générateur permet la fabrication instantanée de l'acétylène au moment même de la projection, il produit le gaz au fur et à mesure de la consommation sans gazomètre d'emmagasinement, et ce pendant le temps normal d'une grande séance de projection, soit 1 heure 1/2 au minimum.

Ce qui distingue ce générateur de tous ceux présentés jusqu'ici, c'est qu'aucun logement pour l'eau qui doit produire le gaz par contact n'y a été ménagé.

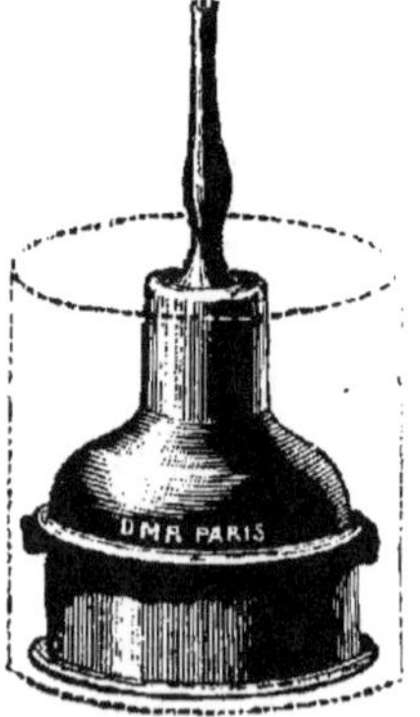

Fig. montrant l'ensemble de l'emploi du générateur l'Héliophore avec conduite directe du gaz au brûleur.
Le sceau est indiqué en pointillé.

Le principe de ce Générateur est basé sur la propriété de la capillarité des tissus.

Le Générateur se compose :

1° D'un récipient inférieur A (devant contenir le carbure), auquel est fixée une douille B et un tube vertical C, taraudé à ses deux extrémités et percé de deux trous DD, dont l'orifice est protégé par une rondelle de feutre Z.

Au tube est fixé un petit récipient E (sécheur devant contenir du carbure sec) muni d'un couvercle H percé de petits trous ;

2° D'une rondelle de feutre I débordant extérieurement (devant amener par capillarité l'eau en contact avec le carbure), maintenue contre la paroi intérieure de ce récipient A par un cercle K percé de trous de distance en distance (pour permettre à l'eau de passer du feutre absorbant au carbure) ;

3° D'une cloche supérieure formée de deux pièces, l'une L, en forme de dôme, l'autre M, cylindrique, bien réunies, agrafées et soudées en N.

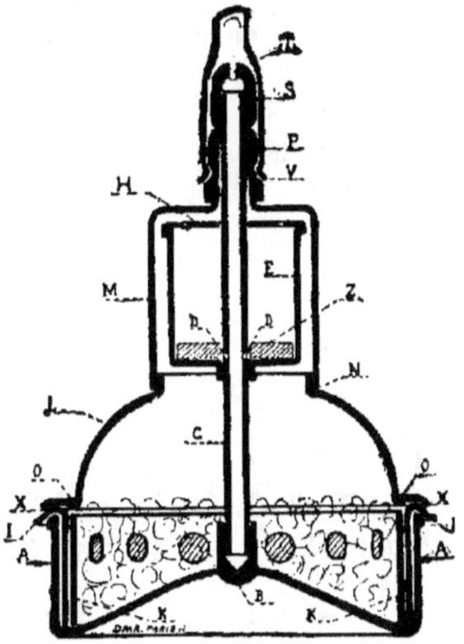

Cette cloche est destinée à recouvrir le récipient A.

La gorge O du dôme L sert simplement de guide pour le recouvrement.

La partie supérieure du cylindre M est munie à demeure d'une douille P vissée et soudée.

4° Un écrou L muni d'une fente T (permettant le passage d'une pièce de 10 centimes) serre et bloque la cloche supérieure LM sur le récipient A.

Le Générateur est fabriqué en cuivre poli extérieurement, fortement étamé à l'intérieur.

L'appareil étant chargé de la quantité de carbure nécessaire au fonctionnement (l'instruction remise avec chaque appareil donne les détails les plus complets sur la manière de charger l'appareil et sur le fonctionnement) et joint au brûleur par un tube de caoutchouc, on le plonge dans un seau d'eau quelconque, de façon à n'avoir que 10 centimètres d'eau au-dessus de la ligne XX, ce qui est une pression négligeable, le feutre s'humecte par capillarité, communique son humidité au carbure et le gaz se produit.

Au fur et à mesure que la consommation se fait, l'attaque du carbure par l'eau se propage de plus en plus vers le centre de l'appareil et

Coupe schématique

le foisonnement qui en résulte se loge dans la partie bombée de la cloche supérieure.

La pression intérieure reste constante pendant toute la durée du fonctionnement, de sorte que les flammes du brûleur sont d'une fixité parfaite.

L'appareil étant constamment plongé dans l'eau, et dans une quantité suffisamment grande d'eau, aucun échauffement n'est à craindre.

Le gaz, aussitôt qu'il se produit, pénètre dans le magasin E par les trous du couvercle II, traverse entièrement le carbure sec, se sèche complètement au contact de ce carbure, passe par les trous DD et se rend au brûleur par le tube C et le caoutchouc. Il arrive donc au brûleur absolument sec et brûle avec toute sa clarté, et son rendement est complet.

Les becs ne peuvent ni cracher, ni s'encrasser.

Il n'y a pas de surproduction, la pression du gaz intérieur serait suffisante pour refouler l'eau du feutre et l'empêcher de continuer à pénétrer.

Tous les brûleurs peuvent être employés, mais les meilleurs résultats sont ceux obtenus avec les becs conjugués en stéatite à double courant d'air.

Pour la projection ces becs réunis par groupes de quatre, donnent une lumière forte, éblouissante, fixe, continue, d'une valeur d'environ 160 bougies.

On peut faire dans une très grande salle une projection de plus de 4 mètres d'une très grande visibilité.

Donc : Facilité d'emploi, aucun réglage, aucune surveillance pendant la marche.

Sécurité absolue, pas de surproduction.

Éclairage maximum. Rendement complet.

« L'Héliophore » peut contenir 350 à 400 grammes de carbure, et avec les brûleurs de 80 litres (décrits plus loin) donner 1 heure 1/2 d'éclairage intense et égal.

« L'Héliophore », pour fonctionner, n'a pas besoin d'être complètement chargé ; on peut n'y mettre que la quantité de carbure correspondant au gaz nécessaire à l'alimentation des becs des brûleurs, pour le temps pendant lequel on veut opérer, en se basant sur un rendement de 30 litres de gaz par 100 grammes de carbure.

On fera facilement ce calcul en se rappelant que la majorité des becs employés pour la projection consomment environ 20 litres à l'heure.

« L'Héliophore » peut servir aussi à l'éclairage domestique, et avec un bec de 20 litres donner 6 heures consécutives de lumière.

COMMUNICATION DE MM. LUMIÈRE.

M. Véra, représentant de MM. Lumière à Paris, exprime les regrets de ces Messieurs, de n'avoir pu se rendre au premier Congrès national de la photographie.

Avant de procéder aux présentations de la Société Lumière, il rappelle brièvement les derniers travaux de ces Messieurs sur le phosphate tribasique de soude et son emploi dans les révélateurs alcalins ; le persulfate d'ammoniaque comme réducteur, qui permet d'affaiblir un phototype dur, manquant de pose et trop développé, sans détruire ou atténuer les demi-teintes correspondant aux parties sombres de l'objet reproduit ; les sels de peroxyde de cerium comme affaiblisseurs, qui, agissant sur l'image, ou mieux sur les parties claires, permettent ainsi d'augmenter les contrastes.

On procède ensuite aux projections cinématographiques et aux clichés en couleur par la méthode trichrome.

LE « KINORA », APPAREIL CINÉMATOGRAPHIQUE.

Présentation de M. Gaumont.

La photographie, on ne peut le nier, a très nettement progressé

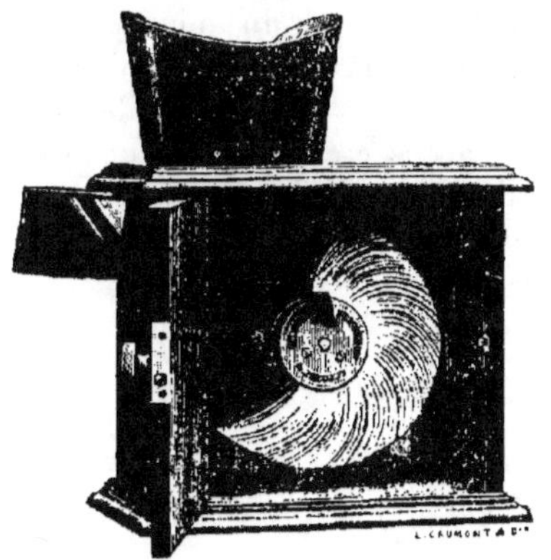

depuis trente ans. Pourquoi donc la photographie professionnelle ne suivrait-elle pas ces progrès dans tous les genres ? Pourquoi donc ne remplacerait-elle pas le vieil album des portraits familiaux froids et inanimés par le *portrait vivant ?*

La difficulté est-elle si grande ? Nous n'en croyons rien. Certes il y a à travailler pour rechercher l'esthétique de ce nouveau genre, combiner les éclairages heureux, susciter les mouvements caractéristiques. Mais au bout de ce travail quelle riche moisson apparaît ! Combien encore est-il facilité par les appareils existants et qu'on n'a plus à trouver pour mener le travail à bonne fin. Les chronophotographes, de grandeurs variées, sont là pour fournir avec une exactitude parfaite l'*analyse* du portrait animé ; le *Kinora*, ce merveilleux petit appareil si simple, si portatif, nous en redonne la synthèse avec une vérité surprenante.

Le Kinora, inventé simultanément par MM. A. et L. Lumière en France et Casler en Amérique, est constitué par une boîte de forme

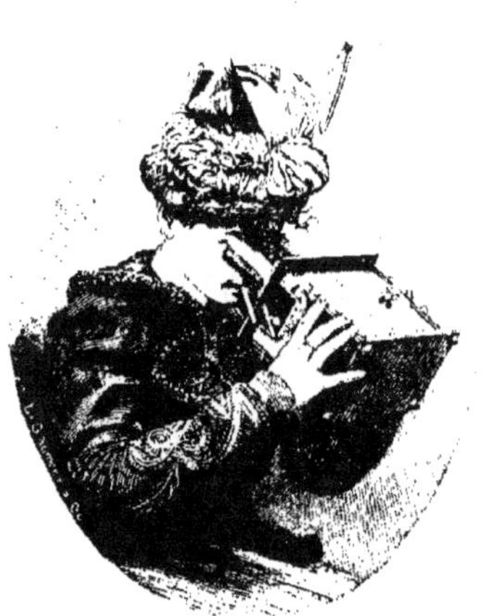

rectangulaire, munie d'un système oculaire entouré d'un abat-jour permettant d'isoler le regard de toute lumière ambiante. Dans l'appareil se trouve monté sur un axe horizontal un cylindre dit hérisson, c'est-à-dire ayant perpendiculairement à son axe un nombre considérable de petites lames de papier fort. Chacune de ces lames porte une épreuve photographique provenant d'un appareil chronophotographique. Les épreuves se succèdent les unes aux autres dans l'ordre de la prise du mouvement. Un doigt métallique s'applique à la partie supérieure de la lame. Un mouvement d'horlogerie met le hérisson en mouvement, le doigt métallique accroche et retient à chaque instant une image. En cet instant d'arrêt, l'image se trouve juste en face de l'oculaire, ce qui permet au spectateur de la voir nettement. Par le fait de la rotation du cylindre, une image se substitue à une autre et cette substitution se montre suffisamment rapide pour que, persistant sur la rétine, les impressions successives donnent l'impression du mouvement.

Là est la représentation de la vie ; là aussi est la vie, semble-t-il bien pour la photographie professionnelle, et une vie susceptible de lui amener réputation et fortune, sans qu'elle ait à craindre une concurrence de quiconque ne sera pas professionnel. Qu'elle essaye. Mieux vaut un essai, même malheureux, que le piétinement sur place qui peut conduire à des désastres bien plus grands.

CONFÉRENCE SUR LA PHOTOGRAPHIE DES COULEURS (1)

Faite a la Sorbonne, le 3 juin,

Par M. le professeur Lippmann, membre de l'Institut.

C'est à la Sorbonne que le premier Congrès national de la photographie professionnelle s'est une dernière fois réuni. Entourés de parents et d'amis, heureux comme eux de s'instruire de l'une des plus récentes et plus belles découvertes du siècle, les Congressistes venaient entendre une Conférence faite par M. Lippmann lui-même, apprendre et admirer, eux aussi, l'étonnant procédé de photographie directe des couleurs, appelé méthode interférentielle, d'après le principe même qui lui sert de base.

Nous n'essaierons pas de redire ici les explications de M. Lippmann, car ce serait une tâche au-dessus de nos forces. D'ailleurs, la méthode interférentielle est universellement célèbre, et ceux qui n'ont pas eu la bonne fortune de l'entendre exposer par l'inventeur même, peuvent trouver maints ouvrages spéciaux où sont relatés de nombreux détails impossibles à rappeler ici.

Ce qu'il importe de dire, c'est la clarté d'exposition et l'intérêt poignant de la conférence de M. Lippmann. L'illustre professeur a su maintenir ses explications à un niveau expérimental qui les a rendues faciles à tous, et des projections inoubliables sont venues confirmer d'une éclatante façon les démonstrations du Maître.

Ce fut d'abord l'image spectrale prenant ses teintes réelles au fur et à mesure du séchage de la plaque, puis ensuite une série de paysages ou de motifs étonnants par la variété de leurs tons, la puissance de leurs coloris, l'harmonie de leurs demi-teintes.

Parlant de la découverte de M. Lippmann, un auteur bien connu a dit que « la genèse de ce procédé est certainement une des plus magnifiques applications de la physique mathématique ». Et il est vrai que la méthode directe de photographie des couleurs, est basée seulement sur des considérations théoriques, qu'aucune observation préalable n'a pu fortuitement amener l'inventeur à sa découverte et que l'honneur d'avoir créé lui revient tout entier.

Personne, mieux que les photographes, ne saurait admirer la photographie interférentielle. La conférence de M. Lippmann fut une fête

(1) *Bulletin de la Chambre syndicale de la Photographie et de ses Applications*, juillet 1900, n° 7.

comme un honneur pour les professionnels français, heureux d'applaudir, en Congrès national, un grand savant, compatriote, lui aussi, des inventeurs premiers de la photographie.

E. B.

Récompenses décernées aux présentations des séances plénières.

(ARTICLE X DU RÈGLEMENT, § 2)

Diplômes de 1re classe :

MM.	OBJET DE LA PRÉSENTATION :
Dechavannes . .	Papier baryté pour émulsion au gélatino-bromure.
Defez	Appareil « Photo-tireur ».
Demaria	Appareil « Professionnal » (projections).
Français	Objectifs.
Gaumont	Appareil cinématographique (projection).
Guimaraès . . .	Appareil « Relampago » (expérience en séance).
Krauss	Objectifs Zeiss-Krauss.
Lumière	Photographies en couleurs, projections cinématographiques.
Mackenstein . . .	Rideaux pour châssis. — Jumelle stéréo-panoramique.
Mercier	Plaque sensible l' « Intensive ».

MM.	*Diplômes de 2e classe :*
Bondon	Papier mat celloïdine. — Papier Protalbin.
Courrier	Appareil Bouillaud.
Duvau	Nouveaux papiers au gélatino-bromure.
Grieshaber . . .	Plaques négatives orthochromatiques, anti-halo.
Guerry	Obturateur à contact électrique.
Hélios	Papiers au collodion.

MM.	*Diplômes de 3e classe :*
Donny	Appareil « le Dévelobox ».
Ducos du Hauron .	Adhésifs Anti-halo.
Duplouich . . .	Prismes redresseurs.
Gilles	Pied d'atelier. — Pied échelle.

PROCÈS-VERBAUX

Première séance privée du 1er juin 1900

*Tenue dans le petit amphithéâtre du Conservatoire national
des Arts et Métiers*

M. Paul Nadar, président de la Commission d'organisation, ouvre la
séance à neuf heures et demie, en prononçant un discours fort applaudi,
dans lequel il engage les membres du Congrès à adresser, par acclamations, des remerciements aux Ministres du Commerce et de l'Industrie,
de l'Instruction publique et des Beaux-Arts, qui ont bien voulu patron-
ner ce premier Congrès, ainsi qu'à tous ceux qui, dans cette cir-
constance, ont apporté à la Chambre syndicale de la photographie et
de ses applications leur concours de différentes façons.

M. Paul Nadar prie ensuite le Président honoraire de la Chambre
syndicale, M. Léon Vidal, de bien vouloir prendre la présidence, afin
de faire procéder à la constitution du bureau.

M. Léon Vidal adresse à M. P. Nadar, au nom de l'assemblée,
l'expression de toute sa gratitude pour son dévouement personnel à
l'œuvre entreprise en ce jour et dont il a été l'âme, en y sacrifiant une
très grande partie de son temps ; puis il fait l'historique de l'acheminement à la création du Congrès.

M. Vidal propose de procéder, par acclamations, à la constitution du
bureau, présentant à l'acceptation des membres présents la liste suivante :

MM. P. Nadar, comme *président*.
    Eug. Pirou et Provost (de Toulouse), comme *vice-présidents*.
    Ladrey fils et Gerschel, comme *secrétaires*.
    Maxime Charrier, comme *trésorier*.

Pour les sections : 1° des portraitistes, MM. Paul Boyer, président ;
P. Berger, vice-président ; 2° des éditeurs, MM. Bulloz, président ;
Ed. Hautecœur, vice-président ; 3° des impressions mécaniques, MM.
Dujardin, président ; Gentil, vice-président.

Le bureau se trouvant ainsi constitué, M. Léon Vidal cède le fau-
teuil présidentiel à M. P. Nadar, qui déclare alors le premier Congrès

national de la photographie professionnelle ouvert, et présente les excuses de M. A. Neurdein, qui, très souffrant, ne peut, à son grand regret, prendre part aux travaux du Congrès ; celles de MM. Pouillet, Sauvel et Marcel Lamarre, membres du conseil judiciaire de la Chambre syndicale ; de MM. Delsart (de Valenciennes) et Fontenelle.

Le Président présente Mᵉ Taillefer, secrétaire de Mᵉ Pouillet, qui a bien voulu remplacer celui-ci et apporter au Congrès, s'intéressant personnellement à l'art de la photographie, un concours des plus précieux, qui du reste est acquis depuis longtemps à la cause de la photographie.

Il est donné lecture d'une lettre de M. Millerand, ministre du Commerce, qui accepte la présidence d'honneur du premier Congrès, ainsi que d'une lettre de M. Demaria, transmettant l'adhésion officielle de la Chambre syndicale des fabricants et négociants de la photographie.

Le Président donne également communication d'une lettre de M. Gréard, vice-recteur de l'Académie, relative à la conférence qui sera faite par M. le professeur Lippmann, membre de l'Institut, et pour laquelle l'amphithéâtre de physique de la Sorbonne est mis à la disposition du Congrès.

Il est encore donné lecture ou communication de quelques lettres, parmi lesquelles celles de MM. Arth (d'Annonay), Courleux (de Reims), Mabire (d'Argenton-sur-Creuse) et Trosseley (de Louviers), relatives à l'utilité du Congrès, et de M. G. Braun, s'excusant de ne pouvoir assister aux réunions, étant retenu au chevet de son beau-père.

On aborde alors l'examen des questions dans l'ordre de leur inscription à l'ordre du jour, et la parole est donnée à M. Léon Vidal, relativement à la question de l'enseignement photographique.

Il regrette que les pouvoirs publics ne se soient pas encore entourés des renseignements utiles à la création de cet enseignement ; il a bien été question, dit M. L. Vidal, d'ouvrir une chaire de photographie aux Arts et Métiers, mais ceci ne correspondrait pas complètement aux nécessités de l'Industrie photographique, et M. Vidal propose que le Congrès pose en principe que l'*Enseignement photographique est nécessaire*, qu'il devra porter surtout sur les arts mécaniques propres à l'illustration du Livre. M. Vidal pense qu'il faut dès maintenant rechercher les moyens de constituer un capital, et il demande que des cotisations annuelles soient recueillies dans ce but, et qu'à cet effet une commission, qui serait désignée par la Chambre syndicale, étudie les moyens d'arriver à un résultat.

Des remerciements sont adressés à **M. L. Vidal** par le Président, qui donne la parole à **M. Gendraud** (de Clermont-Ferrand). Celui-ci pense que la cotisation du Congrès pourrait être plus élevée, de façon à pouvoir en prélever une partie dans le but de constituer un commencement de fonds destiné à l'enseignement photographique.

M. Gravier s'exprime également sur cette question et émet l'avis qu'il y aurait intérêt à ce que les photographes créent par eux-mêmes un enseignement populaire professionnel. M. Gravier fait remarquer que les élèves qui sortiront de l'Ecole de photographie ne seront pas de ceux que les photographes professionnels ont l'habitude d'employer ; ils auront plus de prétentions que ceux-ci. L'Ecole sera surtout fréquentée par des fils de patrons.

Ce qu'il faut, suivant lui, c'est, par des cours du soir, compris dans ceux faits par les sociétés d'instruction populaire, enseigner les manipulations photographiques, retouche, etc., comme on enseigne le dessin et la coupe des vêtements ; c'est un moyen économique.

En outre, par ces cours, on diffusera les procédés et on évitera que le public soit trompé par ceux qui annoncent des procédés de photographie des couleurs qui ne sont que de vulgaires coloriages.

M. Fabre, qui succède à l'orateur précédent, pense qu'il est possible de démontrer aux pouvoirs publics qu'il serait moins onéreux qu'on le suppose de jeter les bases d'une Ecole de photographie, et développe ses idées à ce sujet.

M. L. Vidal répond à M. Fabre qu'il ne croit pas que l'on puisse, dès maintenant, entrer dans la question de la mise à l'œuvre, et rappelle qu'il émet seulement le vœu qu'il soit recherché le moyen de constituer un fonds, et qu'à cet effet il soit désigné une commission permanente chargée d'étudier les moyens de la mise en pratique ; toutefois son vœu est que ce soient les photographes qui créent l'Enseignement d'abord, avant de faire appel au Gouvernement.

Le Président résume la question, et Mᵉ Vaunois propose la formule à voter ainsi résumée : « Qu'il y a lieu de créer l'enseignement professionnel et de nommer une commision pour en rechercher les moyens ».

M. Pannelier précise que c'est un vœu de principe qu'il faut émettre, en déclarant que la création d'une école professionnelle est décidée.

M. Pricam parle de l'Ecole de Zurich et de la manière très simple dont cette école a été créée par les photographes suisses, au nombre d'une centaine environ, et pense que ce qui s'est fait à Zurich se ferait en France, d'autant plus facilement qu'on y possède des ressources beaucoup plus grandes sous le rapport des Facultés enseignantes, et notre estimé confrère croit à un excellent résultat s'il était tenté ici de créer une école similaire à celle de Zurich.

M. L. Vidal se résume et donne lecture de la note suivante :

« M. L. Vidal émet le vœu qu'il soit décidé qu'un enseignement photographique soit créé en France avec tous les concours possibles, mais surtout avec celui des intéressés appelés à subventionner la caisse spéciale à cet enseignement. »

Ce vœu est renvoyé à une commission spéciale pour la mise en œuvre de cette idée acceptée en principe.

La proposition de M. Vidal est acceptée, et il est procédé à la constitution de cette commission d'étude, dont sont désignés membres : MM. Léon Vidal, Fabre, M. Berthaud, P. Nadar, Gentil, Pannelier et Klary.

Le Congrès aborde ensuite l'étude de la question suivante, qui est une proposition d'assimilation des opérateurs photographes aux ouvriers d'art, pour l'exemption de deux années de service militaire.

M. Michel Berthaud donne lecture d'une note sur cette question.

M. Pannelier demande que cette proposition soit réservée jusqu'après la création de l'École d'enseignement professionnel, mais MM. L. Vidal et Fabre, qui prennent ensuite la parole, sont d'avis, ainsi que M. Michel Berthaud, que le vœu peut se formuler dès maintenant.

M. G. Berthaud soutient également cette proposition, dont il est du reste l'auteur, et Mᵉ Vaunois propose la rédaction suivante :

« Le Congrès émet le vœu que la photographie soit classée dans les industries d'art, en ce qui concerne la dispense du service militaire, pour les personnes qui y sont employées. »

La première partie de cette rédaction : «Le Congrès émet le vœu que la photographie soit classée dans les industries d'art », mise aux voix, est acceptée par tous les membres moins un.

Mᵉ Lamarre propose de faire précéder la seconde partie : « en ce qui concerne la dispense du service militaire, etc. », du mot *notamment*.

M. Léon Vidal attire l'attention sur la rédaction de ce vœu, qui définitivement est alors ainsi formulé :

« Le Congrès émet le vœu que les opérateurs en photographie soient classés parmi les ouvriers d'art, en vue des dispenses du service militaire. »

L'ordre du jour amène ensuite l'étude de la question suivante : *La photographie et sa protection légale* (loi du 17 juillet 1793).

Mᵉ Taillefer, secrétaire de Mᵉ Pouillet, qui avait accepté de présenter un rapport, mais se trouve empêché, veut bien remplacer celui-ci et développer la question. Il donne lecture de différentes propositions rédigées par M. Davanne et qui doivent être également soumises à d'autres Congrès, tout en apportant quelques modifications qu'il croit nécessaires à la rédaction de ces propositions, notamment en ce qui concerne l'assimilation de la photographie à tous les arts graphiques, qu'il est d'avis de rédiger ainsi :

« Les œuvres photographiques ont droit à la même protection légale que les autres œuvres graphiques et artistiques, telles que les œuvres du dessin, de la gravure en creux ou en relief et de la lithographie. Il est à désirer que la jurisprudence française maintienne ce principe déjà proclamé par elle, et que les œuvres photographiques soient formellement assimilées aux autres œuvres graphiques sus-énoncées, dans toutes les lois qui pourraient intervenir. »

Enfin, la dernière proposition rédigée par M. Davanne serait également modifiée selon l'avis de M° Taillefer, et rédigée ainsi :

« Le possesseur d'une épreuve photographique, portrait ou autre, ne pourra en faire, faire faire, ou permettre de faire la reproduction en un format et par un procédé quelconque, pour un profit commercial ou dans un but de spéculation quelconque, sans l'assentiment des ayants-droit. »

Le président remercie M° Taillefer et donne la parole à M° Vaunois, qui parle des résultats efficaces obtenus par l'Alliance des photographes qui viennent affirmer par l'usage les droits du photographe.

M° Vaunois attire l'attention des membres du Congrès sur les reçus de l'Alliance, que tout photographe, cédant un droit de reproduction, a intérêt à employer.

Le Président remercie également M° Vaunois, et le Congrès, à l'unanimité, adopte les vœux contenus dans la lecture, faite par M° Taillefer, des propositions rédigées par M. Davanne et modifiées comme il est dit plus haut.

On passe ensuite à la proposition d'assurance obligatoire contre les accidents et la maladie, et la constitution d'une caisse de retraite pour la vieillesse.

M. L. Vidal prend la parole et relate l'existence d'une Société de secours qui pourrait servir de base fondamentale en vue de constitution de retraites pour les sociétaires, et pense que les patrons pourraient appeler l'attention de leurs ouvriers sur cette proposition qui, au moyen d'une petite retenue sur leur salaire, permettrait de constituer un fonds de secours.

Après échange de différentes appréciations, M. Provost (de Toulouse) propose le renvoi à la Chambre syndicale comme question d'ordre privé.

Cette motion est adoptée, et la séance est levée après appel du Président à l'exactitude, en raison du temps très limité accordé pour l'accomplissement de l'ordre du jour encore très chargé, et des remerciements sont adressés à MM. Maxime Charrier et Ed. Belin pour leur dévouement à l'organisation du Congrès.

Première séance plénière du soir, 1ᵉʳ juin 1900

*Tenue dans l'amphithéâtre de physique du Conservatoire
des Arts et Métiers*

M. P. Nadar, président, ouvre la séance à huit heures et demie, en adressant quelques paroles de bienvenue aux membres adhérents qui n'ont pas assisté à la séance du matin, et tout particulièrement aux membres de la Chambre syndicale des fabricants et négociants, qui ont décidé, à l'unanimité, sa participation officielle au Congrès.

Des cartes d'invitation supplémentaires pour la conférence du dimanche 3 juin sont mises à la disposition des membres qui pourraient en désirer, et le Président fait part qu'un dîner est projeté pour le dimanche soir, au restaurant de l'Optique, et dont la cotisation s'éleverait à 12 francs, engageant à se faire inscrire de suite ceux des membres du Congrès qui seraient désireux d'y prendre part.

L'ordre du jour appelle d'abord la présentation du « Dévelobox », par M. Paul Donny.

Cet appareil est un laboratoire portatif pliant, de petit volume, permettant de charger les châssis et même de développer les clichés en plein jour et en plein air sans s'enfermer.

Le Président remercie M. Donny de son intéressante communication et le prie, ainsi que tous les auteurs de présentations à venir, de remettre au plus tôt une note explicative sur l'appareil présenté au Congrès.

Vient ensuite la présentation des papiers Hélios au collodion.

Par suite d'une indisposition du directeur de la Société Hélios, M. Gravier a été chargé de cette présentation, et il fait circuler sous les yeux des assistants une série d'épreuves obtenues sur les différents papiers de la maison Hélios

Des remerciements sont adressés à M. Gravier relativement à cette présentation.

M. Ed. Belin présente ensuite l'appareil le *Relampago*, de M. Guimaraès, pour l'emploi de la lumière artificielle.

M. Guimaraès prépare l'appareil à mesure que les pièces en sont présentées par M. Ed. Belin, qui donne à leur sujet toutes les explications nécessaires, et il est procédé à une expérience de production de l'éclair magnésique avec une charge de 8 grammes de poudre.

L'ordre du jour appelant ensuite la présentation annoncée par
M. Mackenstein, le Président fait part que l'auteur de cette présentation
a demandé qu'elle fût remise au lendemain.

M. Gendrand, de Clermont-Ferrand, présente ensuite une chambre
qu'il a fabriquée lui-même et d'un mécanisme spécial approprié à l'obtention d'instantanés d'enfants ; il en démontre le fonctionnement, qui
est des plus intéressants, et recueille les félicitations de ses confrères.

Le Président fait remarquer que la présentation faite par M. Gendrand est d'autant plus méritante, que l'esprit de bonne confraternité
qui anime ce collègue ne lui a pas fait craindre de dévoiler un de ces
secrets d'atelier qui font parfois le succès d'une maison, et qu'il n'a
écouté que son désir d'être utile à ceux de ses confrères qui voudraient
utiliser son idée, vraiment très remarquable.

M. Ed. Belin présente ensuite des papiers barytés pour émulsion au
gélatino-bromure, résistant à l'eau et à toute température.

Ces papiers, qui sont de la fabrication de M. Dechavannes, seraient
fournis avec un abaissement de prix de 50 à 60 p. 0/0 sur les papiers
similaires ; ce serait donc, ainsi que le fait remarquer M. Belin, une très
sérieuse concurrence à la fabrication étrangère et dont bénéficierait
l'industrie française.

M. Deglanne présente ensuite, au nom de M. Duvau, de nouveaux
papiers au gélatino et des plaques pour reproduction de tableaux, préparés selon les procédés de M. Defez. Une note est remise sur cette
présentation et il en sera donné communication dans le rapport qui sera
fait ultérieurement.

M. Defez présente ensuite lui-même son appareil, le photo-tireur
« Cristallos », et des épreuves obtenues avec cet appareil sur les papiers
de la maison Duvau. Cet appareil doit permettre à tous les photographes
de tirer en quelques instants la série d'épreuves qui leur sera commandée
d'après leurs clichés, en utilisant des papiers à développement, l'égalité
des tirages étant assuré par le mécanisme automatique de l'appareil ;
c'est en quelque sorte la « photo-rotative » mise à la portée de tous et
pour de petites quantités d'épreuves. Il est remis également une note
relative à cette présentation.

Les ingénieurs de la maison Krauss présentent ensuite une nouvelle série d'objectifs Zeiss-Krauss, propres aux travaux des professionnels dans l'atelier comme en plein air. Des épreuves obtenues dans
la journée même avec cette série sont soumises au Congrès.

M. Courrier présente ensuite des épreuves obtenues à la lumière artificielle, avec l'appareil Bouillaud (de Mâcon). Ces épreuves sont, du
reste, très bien réussies sous tous rapports, et M. Courrier exprime le
regret que l'appareil très réduit, qui est en fabrication, n'ait pas été prêt
à temps pour lui permettre de l'expérimenter en séance.

M. Ed. Belin, aussi infatigable qu'aimable, veut bien encore se charger de la présentation des adhésifs anti-halo de M. Ducos du Hauron, dont il démontre l'emploi, et distribue quelques spécimens.

M. Grieshaber présente ensuite des plaques orthochromatiques anti-halo et soumet de très jolis clichés obtenus sur ces plaques et à la lumière artificielle par M. Ballivet.

Des échantillons des différents papiers et plaques présentés au cours de la séance sont alors remis à ceux des membres du Congrès désireux de les essayer.

L'ordre du jour de cette séance étant épuisé, celle-ci est levée à dix heures.

Deuxième séance privée du 2 juin 1900

Tenue dans le petit amphithéâtre du Conservatoire National des Arts et Métiers.

M. P. Nadar, président, ouvre la séance à neuf heures un quart; puis il est donné lecture par M. Gerschel du procès-verbal de la première séance, qui est adopté.

Le Président transmet les excuses de MM. Fontès et Klary, qui sont empêchés d'assister à cette séance.

Il est donné lecture d'une lettre de remerciements de M. Legrand, président du tribunal de commerce, relativement à la réception d'invitations qui lui ont été adressées pour assister à la conférence du 3 juin; puis d'une lettre de M. Millerand, ministre du Commerce et de l'Industrie, relative au droit de photographier dans l'Exposition à l'aide d'appareils à pied jusqu'à six heures du soir.

Bien que cette lettre ait rapport à des réclamations adressées aux pouvoirs publics par une délégation de la Chambre Syndicale, le Président en donne lecture à l'assistance, puisqu'elle fait droit, sur un point du moins, à la requête présentée.

M. Klary ayant déclaré qu'il retirait sa proposition, M⁰ Vaunois a la parole sur la question relative à la nécessité d'appliquer la patente à tous ceux qui exploitent la photographie d'une façon clandestine.

M⁰ Vaunois divise la question et attire d'abord l'attention sur le danger de la concurrence faite aux professionnels par certains amateurs qui vendent leurs épreuves et certaines associations qui font des offres à des prix dérisoires.

Il donne lecture entre autres d'une lettre d'un confrère de province,

M. Dettviller, de Compiègne, se plaignant de la concurrence des photographes ambulants.

En ce qui concerne ces nomades, M⁰ Vaunois s'est reporté à la loi des patentes, et il s'est assuré que les photographes ambulants payent une patente ; mais, pour ceux-ci, elle est à peu près la moitié de la patente régulière.

Il n'y aurait, à l'avis de M⁰ Vaunois, d'autre remède que de faire appel à la municipalité, en faisant ressortir la concurrence faite par les nomades aux photographes de la localité, et engager celle-ci à n'accorder d'autorisation que moyennant un droit supplémentaire assez élevé.

M⁰ Vaunois examine ensuite la concurrence faite par les amateurs tirant un profit de leur production, et croit qu'il y a, en ce cas, à surveiller l'application de la patente à ceux qui ne la payent pas. Il se résume et propose la nomination d'une commission qui ferait les recherches nécessaires pour remédier à la concurrence des amateurs.

Le Président remercie M⁰ Vaunois de l'étude approfondie qu'il a faite de cette question et donne lecture d'une lettre de M. Ach. Allévy, qui pense qu'on pourrait faire frapper d'un impôt les appareils employés par les amateurs et dépassant le format 9×12.

M. Gravier estime que ce serait rendre service aux amateurs que de frapper d'un droit ceux d'entre eux qui répandent leurs épreuves à profusion ; ils le font souvent contre leur gré ne sachant comment évincer les sollicitations auxquelles ils sont en but, et pourraient ainsi plus facilement se refuser à des complaisances souvent onéreuses. Ainsi, s'il leur arrive de se hasarder à faire un groupe, ils peuvent s'attendre à devoir tirer presque toujours autant d'épreuves qu'il y a de têtes dans le groupe, et cela souvent sans aucun espoir d'une compensation quelconque.

M. Gentil ne voit pas pourquoi les appareils d'amateurs ne paieraient pas un impôt comme celui qui frappe les bicyclettes.

M⁰ Vaunois fait ressortir que les professionnels, qui eux-mêmes seraient exposés dans ce cas à payer un impôt sur leurs appareils quoique payant déjà patente, ne doivent pas rechercher ce mode d'entrave, qui serait nul, croit-il, à l'égard des amateurs qui réellement sont susceptibles de faire une concurrence quelconque et ne regarderaient pas à supporter cet impôt, et l'éminent conseil de la Chambre Syndicale, tout en déplorant avec les professionnels cette concurrence des amateurs, déclare que la question doit être étudiée, afin d'éviter de se lancer dans une tentative qui pourrait être tout à fait contraire aux intérêts professionnels, selon la façon dont elle serait interprétée.

M. Gendraud déclare qu'en tous cas la patente devrait être appliquée aux Sociétés photographiques ou aux amateurs possédant une terrasse de pose.

M⁰ Vaunois donne alors lecture de la proposition suivante :

« Le Congrès, touché de la situation inégale et désavantageuse où sont placés les photographes professionnels dans leur concurrence, soit vis-à-vis d'industriels nomades, soit vis-à-vis des associations et des individus qui font accessoirement ou clandestinement métier de la photographie, désigne une commission chargée de rechercher des remèdes à cette situation. La Commission examinera les mesures administratives, fiscales ou autres, qu'il conviendrait d'adopter ; elle remettra son rapport à la Chambre Syndicale, qui fera ensuite les démarches nécessaires. »

Cette proposition est adoptée et il est de suite procédé à la constitution de la commission sus-énoncée, et dont feront partie, outre les membres du Conseil judiciaire de la Chambre Syndicale, M⁁ Taillefer, MM. Gendraud (de Clermont), Provost (de Toulouse), Ach. Allévy et Ballivet.

La parole est de nouveau donnée à M⁁ Vaunois relativement à la question des Expositions ayant un caractère frauduleux, et il émet l'avis que lorsqu'il y a escroquerie, il n'y a qu'à déposer une plainte au parquet ; tandis que, dans d'autres cas, il peut y avoir lieu d'entamer une action civile.

M⁁ Vaunois formule ainsi le vœu à émettre sur cette question :

« Il est à désirer que des poursuites soient exercées pour réprimer les exhibitions commerciales annoncées sous un titre ou avec une publicité qui serait de nature à induire le public en erreur.

« Les photographes lésés par des faits de cette nature les signaleront à la Chambre Syndicale, qui prendra les mesures et fera les démarches nécessaires auprès des pouvoirs publics et des autorités judiciaires. »

M. Provost, relativement à cette question, signale un fait personnel et met à la disposition du Congrès un jugement rendu à son profit contre un confrère qui avait obtenu, dans une exposition du genre de celles dont il est question, une récompense dont il avait fait mention sur ses cartes et sa vitrine.

M. Ballivet signale une exposition qui a lieu annuellement, où les arts et les comestibles sont exposés presque sans distinction, et où, paraît-il, il n'est du reste pas indispensable de faire un envoi pour obtenir, moyennant l'acquit d'une certaine somme, une médaille de valeur correspondante à la somme versée.

Le Président rend compte de démarches qu'il a déjà faites auprès des pouvoirs publics à ce sujet.

L'ordre du jour appelle la proposition faite par le Président lui-même, M. P. Nadar, relative au refus de participer aux expositions futures dont les règlements ne sauvegarderaient pas suffisamment les intérêts professionnels.

M. P. Nadar rappelle les incidents qui se sont produits tout récemment au Comité d'Installation de la Classe XII, incident que tous les professionnels connaissent, et il développe à ce sujet la proposition qu'il présente, puis donne lecture du vœu à émettre, auquel M. Ballivet demande une adjonction, et qui est alors ainsi arrêté :

« Le premier Congrès National de la photographie professionnelle émet le vœu auprès des pouvoirs publics compétents, qu'il soit créé dans les expositions futures une classe distincte de la photographie professionnelle, et qu'en tous cas il soit constitué, pour elle, un jury particulier composé de professionnels et d'artistes. »

Ce vœu est adopté à l'unanimité.

M. Gerschel donne alors lecture de sa proposition relative à la création d'un salon annuel de photographie, dans lequel les récompenses seraient absolument supprimées et avec un jury d'admission composé de membres de la Chambre Syndicale de la photographie professionnelle, d'artistes peintres et de sculpteurs.

Le vœu formulé par M. Gerschel est adopté et, sur sa demande, renvoyé à la Chambre Syndicale pour l'étude de la mise en pratique. M. Neurdein n'ayant pas pu adresser son rapport relatif à la proposition qu'il avait faite et étant excusé pour raison de santé, cette proposition est abandonnée, quitte à être reprise dans le prochain Congrès.

M. Maxime Charrier formule le vœu qu'un concours annuel d'opérateurs soit institué dans de certaines conditions qu'il énumère, tout en montrant l'intérêt qui pourrait ressortir de ce concours au point de vue professionnel.

Les membres du Congrès applaudissent à la proposition de M. Maxime Charrier, et M. Provost propose de la joindre à la question de l'enseignement et de nommer son auteur membre de la Commission de l'enseignement professionnel en plus de ceux déjà désignés.

La proposition suivante est celle de la suppression des portraits gratuits.

Après l'exposé de cette question fait par le Président, M. Ladrey fils, malgré le peu d'espoir qu'il conserve de voir ses confrères arriver à une entente à ce sujet, dit qu'il y a lieu de diviser cette question ainsi qu'il suit :

1° Portraits gratuits de personnages dont il peut être tiré un profit au moyen de l'édition.

Dans ce cas, le photographe se trouvant le plus souvent suffisamment indemnisé par la vente des épreuves, il n'y aurait rien à dire.

2° Portraits gratuits, par série, dans le but de réclame ou de recherche d'une commande quelconque.

M. Ladrey fils appelle l'attention de ses confrères sur le grave inconvénient que présentent pour leurs intérêts ces portraits offerts gratuitement, les personnes sollicitées souvent par plusieurs maisons se trouvant munies d'un nombre suffisant d'épreuves qui leur épargne toute dépense.

Il se demande, de plus, si les démarches que ce genre d'opérations nécessite ne sont pas de nature parfois à rabaisser la dignité de ceux qui le pratiquent.

3° Portraits-primes agrandis, offerts avec la douzaine de cartes.

Dans ce cas, il y a lieu d'attirer l'attention des professionnels qui se causent à eux-mêmes un préjudice absolu en s'enlevant la chance de se voir commander un agrandissement, sinon immédiatement, tout au moins le jour où leur client viendrait à disparaître, et M. Ladrey fils fait remarquer qu'actuellement, en raison de cet usage, il se fait beaucoup plus d'agrandissements commandés sur d'anciennes photographies faites au temps où la prime n'existait pas, qu'il ne s'en fait sur des épreuves récentes, parce que bien des gens se trouvent pourvus en se contentant de la prime qui leur est offerte.

En conséquence, M. Ladrey fils propose que « le Congrès émette le vœu de la suppression des portraits gratuits par série et réprouve le mode de réclame consistant à offrir à la clientèle un agrandissement-prime avec la douzaine de cartes.

M. Grandjean demande que la Chambre Syndicale recherche les moyens d'arriver à une entente pour obtenir la suppression des primes.

M. Eugène Pirou fait remarquer qu'en ce qui concerne les portraits par série, le photographe dont les prix sont élevés peut se trouver suffisamment indemnisé lorsque la remise des épreuves qui en principe sont offertes gratuitement, amène une commande ; mais il déclare qu'il verrait néanmoins volontiers cesser cet état de chose.

Le Congrès décide donc de renvoyer la question à la Chambre Syndicale pour en poursuivre l'étude.

Sur la question des prix des épreuves d'édition, comme conséquence à la proposition précédente, M. P. Nadar signale qu'une entente serait très nécessaire entre les photographes français pour le relèvement des prix. Il fait remarquer que les prix sont maintenus par l'étranger et que ce relèvement n'aurait aucune conséquence sur la vente, d'après l'avis de certains marchands compétents.

M. A. Block s'exprime aussi dans ce sens. M. Gerschel soumet ensuite une proposition de relèvement des tarifs de portraits, et à cet effet il pense qu'il faudrait attirer l'attention du public sur la différence qu'il y a entre les travaux qui lui sont livrés par les grands magasins employant des procédés mécaniques et ceux fournis par les photographes professionnels.

M. Gerschel demande de renvoyer sa proposition à la Commission du Salon de photographie désignée par la Chambre Syndicale.

Le Congrès se rallie à cette proposition. Sur la proposition du président M. P. Nadar, le Congrès émet le vœu, à l'adresse de la Chambre Syndicale, chargée de la préparation des Congrès annuels, qu'il soit procédé dans son sein, à la nomination d'une Commission permanente d'essais de toutes les nouveautés photographiques paraissant dans le cours de l'année, de façon à retenir celles qui seront susceptibles d'être présentées au Congrès suivant. Cette proposition est adoptée à l'unanimité.

Il est ensuite donné lecture d'un rapport de M. G. Berthaud relatif à la création d'une Société coopérative de consommation.

Différentes appréciations sont échangées tendant à la création de cette Société. M. Ballivet fait ressortir l'intérêt de cette proposition et cite l'exemple d'une Société analogue formée par quelques photographes de Berlin, qui est actuellement en pleine prospérité.

M. Chéri-Rousseau cite également l'exemple d'un Syndicat de produits pharmaceutiques qui a obtenu d'excellents résultats, se livrant même à la vente au public de produits qui sont d'autant plus recherchés qu'ils sont préconisés et employés par le Syndicat.

Le Congrès décide le renvoi de cette proposition à la Chambre Syndicale pour la recherche des moyens à employer pour la formation de la Société coopérative de consommation.

Le Président renouvelle à M⁰⁰ Vaunois et Taillefer, au moment où ils prennent congé, l'expression de toute la gratitude du Congrès pour le concours qu'ils ont bien voulu lui prêter.

Il est ensuite donné lecture d'un autre rapport de M. G. Berthaud sur sa proposition d'unification des primes d'assurances contre l'incendie, et par lequel il propose de former un groupement des photographes qui pourrait se joindre au Cercle de la Librairie, afin de faire bénéficier les adhérents des avantages qui s'obtiendraient alors plus facilement.

Il est décidé que la Chambre Syndicale priera un agent, dont M. G. Berthaud lui a déjà parlé, de lui fournir les renseignements nécessaires sur les avantages qu'il serait possible d'espérer, et les membres du Congrès, que la question d'assurances peut intéresser et qui seraient désireux de recevoir la visite de cet agent, sont invités à se faire inscrire.

Le Président propose d'émettre un vote par lequel la gratuité, sous la responsabilité des patrons, sera accordée aux employés, d'assister à la réunion du soir où sont faites les présentations.

Le Congrès adopte cette proposition et exprime le regret que cette décision n'ait pas été prise plus tôt.

Il est alors donné lecture du présent procès-verbal.

M. Provost, au nom des collègues de province, remercie le Congrès de l'accueil qui leur a été fait.

Le Président signale encore deux documents dont il avait oublié de donner communication, dont un transmis par M. Gendraud et relatif aux récompenses attribuées frauduleusement, l'autre étant un tarif émanant d'une congrégation, qui livre au public des travaux photographiques à des prix dérisoires.

M. Gentil propose que pour le Congrès prochain les réunions aient plutôt lieu le soir.

Le procès-verbal étant adopté, la deuxième séance privée est levée.

Deuxième séance plénière du soir, du 2 juin 1900

Tenue dans l'amphithéâtre de physique, du Conservatoire national des Arts et Métiers.

La séance est ouverte à neuf heures par M. P. Nadar, qui préside, et invite M. J. Demaria, président de la Chambre Syndicale des négociants, à prendre place au bureau.

M. Demaria prononce quelques paroles fort aimables, félicitant M. P. Nadar de l'initiative prise par la Chambre Syndicale des professionnels de la création du Congrès national de la photographie, et témoigne l'espérance, ainsi que l'a déclaré à l'ouverture du Congrès M. P. Nadar, que les relations entre les deux Chambres ne feront que se resserrer dans l'intérêt commun du progrès de l'art photographique, pour lequel tous doivent travailler.

Il est donné lecture du procès-verbal de la séance du soir du 1ᵉʳ juin, qui est adopté.

M. Français est ensuite appelé à présenter une nouvelle série d'objectifs.

Remerciant M. Français, le Président le prie de bien vouloir lui faire parvenir une note relative à cette présentation.

M. Gravier demande la parole au sujet de la précédente présentation, et signale les tentatives de M. Boissonnas, de Genève, de substitutions d'objectifs binoculaires à ceux monoculaires.

Le Président remercie M. Gravier de sa communication.

M. Mercier présente ensuite la plaque l' « Intensive ».

Il parle d'abord des révélateurs et des accélérateurs, parmi lesquels l'émétique, la morphine et la codéine, le principe de la plaque l' « Intensive » étant basé sur l'emploi de ces accélérateurs.

Cette plaque donne de bons résultats dans les cas d'excès de pose comme dans les cas de pose normale ; elle vient moins vite que les autres dans les révélateurs rapides.

M. Mercier soumet des clichés différents et procède à des projections démontrant les résultats obtenus, et remet une note relative à cette présentation.

Il est ensuite fait la démonstration d'un prisme redresseur, au nom de M. Duplouich. Ce prisme donne la photographie directe immédiatement redressée, et permet ainsi de photographier soit des manuscrits, soit des cristaux ou objets quelconques, qu'il est impossible de déplacer.

M. Ed. Belin procède ensuite à la présentation du nouvel obturateur Guerry, propre à l'emploi dans les ateliers avec la lumière artificielle à inflammation par courants électriques. Au moyen d'un dispositif spécial, l'inflammation se produit au moment précis où l'obturateur est pleinement ouvert, et le circuit se trouve de lui-même interrompu ; il offre ainsi une grande sécurité contre les accidents qui peuvent se produire si l'on oublie d'interrompre le courant avant de recharger l'appareil à lumière artificielle d'une nouvelle charge de poudre.

Des applaudissements accueillent cette présentation pendant que le Président adresse des remerciements à M. Ed. Belin.

M. Bondon présente ensuite des papiers à la celloïdine et le papier Protalbin, en en faisant ressortir les avantages.

Des épreuves fixées sur ces papiers sont soumises aux congressistes et des échantillons sont mis à la disposition de ceux qui voudraient en faire l'essai.

M. Ed. Belin présente ensuite, au nom de M. Mackenstein, l'amélioration apportée aux rideaux des châssis, consistant en la constitution du rideau au moyen de lamelles à emboîtement, dans le genre des lames de parquet.

Puis, encore au nom de M. Mackenstein, M. Ed. Belin présente une jumelle à décentrage dans les deux sens et permettant d'obtenir des épreuves simples sur 8 × 9, ou stéréoscopiques, ou encore panoramiques. La mise au point est variable.

M. Gravier, en l'absence de M. Gilles, a bien voulu se charger de la présentation d'un pied-échelle destiné à opérer au dehors.

Il est fait deux projections représentant ce pied dans deux positions différentes, puis le fonctionnement en est démontré.

Un pied d'atelier devait être également présenté, mais il n'a pas été apporté, étant assez volumineux quoique plus léger que les pieds américains.

M. Véra exprime les regrets de MM. Lumière de n'avoir pu se rendre au 1er Congrès national de la photographie, et procède aux présentations de la maison Lumière en débutant par les nouveaux papiers mats, et annonce qu'il va être procédé à des projections cinématographiques.

M. Ballivet demande alors la parole pour remercier MM. Lumière des

différentes communications qu'ils ont bien voulu faire faire au Congrès :
« Cela nous est d'autant plus sensible, dit-il, que ces messieurs étant fils
d'un professionnel, nous les remercions de bien avoir voulu collaborer
à notre Congrès, tout en regrettant vivement que leurs nombreuses occu-
pations ne leur aient pas permis de nous consacrer personnellement quelques instants. Nous espérons avoir le plaisir de les compter parmi nous
l'année prochaine. »

Il est procédé aux projections de cinématographie et aux projections
en couleur par le procédé trichrome, aux vifs applaudissements, très
souvent renouvelés, de toute l'assistance.

Le Président remercie la maison Lumière ainsi que MM. Vintujol,
Ducomme et Véra, qui ont bien voulu procéder à ces démonstrations.

La présentation de l'appareil à projection le « Professionnal », de la
maison Demaria, est ensuite faite.

C'est un appareil à long tirage dans les deux sens, permettant de
faire de l'agrandissement, de la réduction et des projections. Il se fait de
différentes dimensions.

M. Bardin, de la maison Demaria, présente également un appareil
nouveau pour la production de l'acétylène, supprimant les récipients très
encombrants, basé sur la capillarité des tissus, et qui, paraît-il, exclut
tout danger.

Le Président remercie M. J. Demaria et M. Bardin de ces présentations.

M. Gaumont procède ensuite à la présentation d'un appareil cinématographique, le « Kinora », breveté en France par MM. Lumière et en
Amérique par M. Casler.

Il fait la démonstration du maniement de l'appareil, suivie d'une allocution engageant les professionnels à se livrer à l'application du portrait
animé par l'appareil cinématographique le « Kinora ».

M. Gravier prend ensuite la parole et rappelle des essais antérieurs
faits par M. Demény et exposés en 1889.

M. Véra rappelle aussi que M. P. Nadar a été le premier à tenter des
portraits animés par les interview de M. Chevreul et du général Bou-
langer.

M. P. Nadar fait observer que le véritable portrait animé date, en
réalité, de l'application cinématographique qui en a été faite par lui-
même vis-à-vis d'un certain nombre de personnes, il y a trois ou quatre
ans, à l'aide d'un petit appareil qui permettait de voir l'image en mouvement et qui était livré en même temps que la bande pelliculaire commandée.

Le Président engage les membres qui voudraient assister au dîner
intime du 3 juin à se faire inscrire, et adresse des remerciements à tous
les membres actifs et adhérents qui ont bien voulu participer aux travaux

du Congrès, et en particulier à M. Ed. Belin, agent agréé du Congrès, et à M. Maxime Charrier, qui a bien voulu se charger au dernier moment de l'organisation du service de trésorerie.

Lecture est ensuite donnée du présent procès-verbal, qui est adopté, et le Président ayant déclaré clos le premier Congrès national de la photographie professionnelle, les membres présents se donnent rendez-vous pour l'an prochain.

Le Président,
P. NADAR.

Le Secrétaire,
LADREY FILS.

Conférence sur la Photographie des Couleurs
Faite à la Sorbonne, le 3 juin
Par M. le professeur LIPPMANN, membre de l'Institut

C'est le dimanche 3 juin qu'a eu lieu la dernière séance du Congrès national de la Photographie. Après une courte allocution de M. Paul Nadar, M. le professeur Lippmann, membre de l'Institut et président d'honneur du Congrès, a fait, devant un auditoire nombreux et attentif, une conférence sur la photographie directe des couleurs.

L'éminent savant a fait la démonstration scientifique de son procédé, et ses projections ont passionné les spectateurs dont les vifs applaudissements se renouvelaient à chaque tableau.

L'Académie de Paris avait bien voulu mettre à la disposition du Congrès, pour cette si intéressante conférence, l'amphithéâtre de la Sorbonne et, malgré le temps splendide de ce jour de Pentecôte, malgré même les multiples attractions de Paris à cette époque, une assistance nombreuse a pu applaudir aux très intéressantes démonstrations de M. Lippmann.

L'exposé théorique du principe était appuyé par des expériences pratiques des plus saisissantes, et c'est ainsi que l'image négative, projetée mouillée, se transformait, sous les yeux des spectateurs, en un spectre dont les couleurs apparaissaient successivement avec leur plus brillant éclat.

La conférence s'est terminée par une série de projections de motifs variés et d'après nature, qui, tout en prouvant, une fois de plus, le si grand et si incontestable mérite de l'illustre savant, ont laissé le public sous le charme de la réalité même de la nature.

Le soir du dimanche 3 juin, un certain nombre de membres du Congrès se réunissaient à l'Exposition universelle pour fêter, en un dîner amical et confraternel, les membres des départements qui avaient assisté aux séances, et parmi lesquels il faut citer, comme présents à ce dîner, MM. Provost, Gendraud, Cheri-Rousseau et Zarski. Citons aussi M. Gravier, qui avait pris part, comme invité, à toutes les réunions du Congrès.

L'intimité de cette fête, dont les convives ont gardé certainement, par la franchise des sentiments qui unissaient en somme tous ces hommes de bonne volonté dans un but de progrès général, un excellent et durable souvenir, a témoigné encore du bon esprit de confraternité qui s'étend de plus en plus dans la corporation photographique.

ERRATA

Page 24. — Lire : *Mittheilungen* au lieu de *Mittheilungen*.
— 44. — Lire : *Présentation de M. Deglanne* au lieu de *Présentation de M. de M. Deglanne*.

TABLE DES MATIÈRES

Préface de M. Paul Nadar 5
Avant-Propos 9
Comité d'organisation 11
Lettres du Ministre du Commerce 12, 13
Lettre du Ministre de l'Instruction publique 12
Lettre du Président de la Chambre Syndicale des fabricants et négociants
    de la Photographie 13
Règlement du Congrès 14
Liste des questions à l'ordre du jour 18
Liste des présentations 20
Liste des Membres du Congrès 21
Note communiquée à la Presse 23
Allocution de M. Paul Nadar 25
Allocution de M. Léon Vidal 29
Bureau du Congrès 31
Rapport de M. Michel Berthaud sur l'assimilation des opérateurs photo-
    graphes aux ouvriers d'art 32
Vœu formulé par le Congrès 32
Rapport de Me Vaunois sur la photographie et sa protection légale 33
Vœux 34
Allocution de M. Paul Nadar à la première séance du soir 34
Allocution de M. Jules Demaria, Président de la Chambre Syndicale des
    négociants et fabricants 35
Le Develobox 36
Papiers Hélios 38
Relampago Guimaraès 40
Miroir Gendraud 42
Papier Dechavannes 43
Plaques et papiers Duvau 44
Photo-tireur Cristallos 45
Objectifs Zeiss-Krauss 47
Adhésifs anti-halo Ducos du Hauron 49
Rapport de Me Vaunois sur l'application de la patente 50
Rapport de Me Vaunois sur les expositions frauduleuses 52
Rapport de M. Gerschel sur la création d'un salon annuel de photographie . 53
Rapport de MM. Ladrey et Reutlinger sur la suppression des portraits gra-
    tuits et des agrandissements-primes 54
Rapport de M. Gerschel sur l'abaissement des prix des photographies et les
    moyens d'y remédier 55
Rapport de M. Gabriel Berthaud sur la création d'une Société coopérative de
    consommation 56
Rapport de M. Gabriel Berthaud sur l'unification des primes d'assurances . 57
Plaques Grieshaber 60

Plaque Mercier l' « Intensive » 61
Prismes-redresseurs Duplouich. 62
Papier « Protalbin ». 63
Jumelle « Stéréo-panoramique » Mackenstein 65
Rideaux pour châssis de M. Mackenstein 73
Echelle pied Gilles 74
Obturateur électrique Guerry 74
Lanterne « Professionnal » Demaria 75
Lampe acétylène « Héliophore » de M. Demaria. 78
Communication de MM. Lumière. 81
Kinora de M. Gaumont 81
Conférence du 3 juin 1900. 83
Récompenses décernées aux présentations. 84
Procès-verbaux. 85